姚宝瑄 ● 著

华夏神话

简谭

HUAXIA SHENHUA

JIANTAN

山西出版传媒集团
书海出版社

图书在版编目（CIP）数据

华夏神话简谭／姚宝瑄著. —太原：书海出版社，2014.11
ISBN 978 - 7 - 80550 - 965 - 5

Ⅰ.①华…　Ⅱ.①姚…　Ⅲ.①神话 - 研究 - 中国
Ⅳ.① B 932. 2

中国版本图书馆 CIP 数据核字（2014）第 231217 号

华夏神话简谭

著　　者：姚宝瑄
责任编辑：阎卫斌　莫晓东
装帧设计：陈　婷

出 版 者：山西出版传媒集团·书海出版社
地　　址：太原市建设南路 21 号
邮　　编：030012
发行营销：0351 - 4922220　4955996　4956039
　　　　　0351 - 4922127（传真）　　4956038（邮购）
E - mail：sxskcb@ 163. com　发行部
　　　　　sxskcb@ 126. com　总编室
网　　址：www. sxskcb. com

经 销 者：山西出版传媒集团·书海出版社
承 印 厂：山西出版传媒集团·山西新华印业有限公司

开　　本：890mm×1240mm　　1/32
印　　张：5. 25
字　　数：120 千字
印　　数：1 - 3 000 册
版　　次：2014 年 11 月第 1 版
印　　次：2014 年 11 月第 1 次印刷
书　　号：ISBN 978 - 7 - 80550 - 965 - 5
定　　价：20. 00 元

如有印装质量问题请与本社联系调换

目　录

绪　言 ·· 1

壹　华夏族的形成和华夏神话 ················· 1

贰　华夏神话与中国兄弟民族神话 ············ 15

叁　华夏神话的归宿 ·························· 68

肆　华夏神话与中国思想史 ················· 105

目　录

绪　言

　　神话是人类童年时代的产物，所有民族在自己的童年时代都产生过神话传说。随着社会历史的发展，神话的流传又因为社会形态的演进、人类文化的发展而变形或消亡。神话与其他文学形式、意识形态一样有着自身产生、发展、繁荣、演变、消亡的规律。

　　作为今日汉民族前身的华夏族，与中国和世界其他民族一样，在自己的童年时代，产生过丰富多彩的神话传说、故事。华夏神话的研究，就是沿着历史长河的进程，人类文化逐步进化的规律，查寻其产生、发展、繁荣、消亡的主要线索、一般规律，总结出与其相近的文化学科的相同点，以及自身的独特性，进而梳理出华夏神话自己的体系。

　　当然，华夏神话不能等同于中国神话。中国神话包括今日中华民族大家庭中的五十六个民族的全部神话遗产。华夏神话指的是汉民族的前身——华夏族的神话和明显受到华夏神话传播、影响的一部分兄弟民族的神话。因此可以说，华夏神话是中国神话的一个主要组成部分。

　　就目前对中国神话的搜集、整理、研究的现状看，综合写一部完整、科学的中国神话史或中国神话概论的时机，尚没有成熟。一个世纪以来，在一些前辈学者的贡献与同辈学者的倡导下，华夏神话的研究已取得了可喜的成果，使我们可以基本摸清华夏神话的脉络，看到华夏神话发展演变的轮廓。

可以说，华夏神话有着自身完整的体系，是由一系列不同的神话系统组成的。而每一个神话系统又是由一系列不同的神话传说、神话故事组成的。每一则神话故事，每一个神话系统，相对于华夏神话体系而言，又有着各自特点和作用，从而使华夏神话体系成为一个诸要素相互作用的总体。从神话发展的轨迹来看，各系统、各神话故事又协调发展在这统一的整体之中。神话作为文化的一个要素，又与诸多文化要素系统协调，生长在文化发展长河这一运动着的整体之中。因而要从华夏文化发展史这一整体角度去研究华夏神话独有的个性，以及诸要素之间的协调情状。华夏神话是华夏文化这一大的系统中活动着的子系统。

华夏神话作为一个运动发展演化的整体，其内部的变异总在发生发展着。根据它自身的发展规律，不断得协调各要素之间的关系。为适应社会历史、文化发展的环境，它调整、增补、更新着自身的要素，向着自己的目的地运动着。因而必须在时间、空间和其他条件的变化中研究华夏神话产生发展的趋势和规律。时间上，华夏神话只产生于一定的历史时间单位之内，而不是永远发展繁荣在永恒的时间之中。空间上，华夏神话不是只传播在中原大地，而是远播今日中国国土的各个部分，甚至跨越国界，远渡重洋，流传在印度、朝鲜、日本等国及中亚、西亚、东南亚等地。

华夏神话是在对每一则神话故事的个体研究的基础上建立起来的一个综合概念。但是，综合研究华夏神话，并不是将各则神话内容机械地相加。这一个体特征与整体特征的关系的研究，是能否总结出华夏神话乃至中国神话特征的关键。例如，每一则神话是存在的，甚至至今仍流传在人们口头之上，然而它却不具备华夏神话的总体特征，也不能代表华夏神话这一整体。将每一则神话都综合起来，找出其中的共性，即是华夏神话的特征。而各自个性的相加，都只能给研究整理带来混乱。古人对华夏族神话的不自觉的综合，神话内部自然的综合，使我们今日见到了华夏神话体系形成的时间与规模。而我们今天的综合研究，将导致对华夏神话价值的认识产生一个新的飞跃。

　　但是，我们必须认识到，神话作为人类童年的一种精神、文化产品，却不能伴随着社会组织、经济基础的变化而持续前进。当逐步严密的逻辑思维与建立在抽象思维基础上的自觉的形象思维开始取代不自觉的形象思维，当人类在长期的生活劳动中，认识到那些被征服和尚未被征服的自然力并非是天真的幻想的时候，神话也就成为过去，神话时代一去不复返了。人类已由儿童一步步走向成年，走向成熟。这时，人们对儿童时代的幻想和往事只能追忆、欣赏和评价，甚至加工、模仿，却永远不能再亲身体验儿童时代的天真了。儿童的幻想也就成了高不可及的范本而散发着诱人的艺术魅力。这是人类文化发展的骄傲，也是神话的悲哀。

华夏族的形成和华夏神话

处于原始社会的民族，是以血缘关系为基础的人类共同体，主要指氏族、胞族、部落和部落联盟。超出部落范围的人类共同体，在原始社会是不存在的。而结成一个联盟的各部落之间，必然有血缘亲属关系。这是一条由氏族社会的特点决定的一般规律。一个部落就是一个大天地，一个联盟同样如此，因为他们还没有脱掉自然发生的共同体的脐带。按地区团体为基础来划分不同族系的联盟是不可能的。以此来判定华夏族的话，可以说，它不是处于原始社会的民族。如果说原始社会有华夏族的话，那就是在使用"民族"这个概念上出现了误差。换句话说，华夏族是我国历史上出现了国家之时才形成的最早的文明民族。

恩格斯说："最初本是亲属部落的一些部落从分散状态中又重新团结成永久的联盟，这样就朝民族的形成跨出了第

1

一步。"① 这就是说，部落和民族不是等同的东西，部落联盟是民族形成以前的最后一个阶段。不是以血缘关系，而是以地域团体为基础的民族，在实体上已不再是部落和部落联盟，而是与它们不同的新型的共同体，即"永久的联盟"。文明民族是在部落联盟的基础上形成的，由部落联盟向文明民族转化的契机是国家的形成。就是说，当结合在一个类似于国家政府之下的诸部落融为一个统一体时，民族就应运而生了。

五六千年前，中原地区早期的居民实为华夏族的直系祖先。然而后世在追忆自己民族历史的时候，将四周诸族称为戎狄夷蛮，从而混淆了华夏族最初形成的基本成分与他们的界限。导致后来认为华夏族系羌、夷、苗蛮、戎狄的联合体的看法，也是事出有因的。其实，这些部族就是远古居住在这些地区的不同部族，他们就是华夏族的直系祖先。从这里分散而去的或分别与这些部族有联系的四周的部落，因华夏族的形成而被称为"戎狄夷蛮"，是造成这种看法的原因。在我们今天看来，无论如何称呼上古就聚集在中原地区的各部族，都应承认，他们是华夏族形成的主要成分。

原始社会末期，中原地区居住的各部族在文化上融汇，在血缘关系的基础上出现了时和时分的部落联盟。如炎帝、黄帝、共工三个部落曾结成一个联盟，但炎帝和黄帝、黄帝

① ［德］恩格斯《家庭、私有制和国家的起源》，人民出版社1972年版，第89页。

与共工又分别打过仗①。又如蚩尤、驩兜与炎帝、尧曾有过联盟，同时又发生过激烈的战争②。再如鲧属尧的联盟部落，鲧被杀后，其儿子禹又同尧、舜同处一个联盟之中。这说明当时的联盟的确不稳固，还未能结成"永久的联盟"。时而攻战、时而联盟的社会现实，使神话同样难以理出一条清晰的线索，因而，也就形不成一个完整的体系。

在这些不稳固联盟中的各部族，又与他们生活着的四周的部族有着建立在血缘联系之上的联盟。这样，就形成了以中原为核心的连接起四面八方的、以血缘为纽带的连环套式的众多联盟。相互之间的神话犬牙交错，不分你我，这是造成神话系统混乱的又一个原因。但同时，也给系统地研究华夏神话提供了前提。所以说，在研究属上古文化范畴的神话时，不能单从神话的角度入手，而要从产生这些神话的各部族间的血缘关系起步。

这个时期，同部落内各氏族之间的通婚惯例已开始被打破。王权思想开始产生，家族代替了氏族而成为社会的细胞，氏族与部落的分裂趋势已趋向终止，人类的自然繁衍已不再引起共同体的分裂。文明民族开始形成了。

夏王朝诞生，华夏民族也随之形成。华夏族，是夏代前夕地域联盟转化而来的。所不同的是联盟的酋长成了国家的

---

① 见《史记·五帝本纪》：黄帝"……与炎帝战于阪泉之野。三战，然后得志。"再《淮南子·兵略训》说："颛顼尝与共工争矣。"颛顼为黄帝后代。

② 《逸周书·尝麦解》云："昔天之初，诞作二后。乃设建典命，赤帝分正二卿；命蚩尤于宇少昊，以临四方……"即蚩尤与赤帝（炎帝）有过联盟关系。再，驩兜历来认为属苗蛮集团，而《尧典》中讲曾与尧有过联盟关系。

君王。这个地域联盟是中国原始社会史上最趋向稳定的一次联盟。早期应是在传说中的尧时代，当时联盟中有尧、舜、四岳、共工、驩兜、鲧等部族。到舜时，契、弃、伯益、伯夷、皋陶、落也参加进来。这个联盟曾一度与穷奇、驩兜、鲧、饕餮、共工等部关系破裂而发生战争①，但到禹时，又基本联合在一起了，地域扩展到了今江浙、巴蜀、甘青、东北等地。这个联盟经过尧、舜、禹三个时代，保持了它的基本成分和地域，开始形成"永久的联盟"。随着夏代国家的建立，华夏族也在此基础上形成了。

华夏神话体系也以此为标志，开始将各部族的神话融为一体。后世称这些部族均为炎、黄的后代②，说明这时神话中黄帝、炎帝已开始占据要地。神话中神的系谱、名称开始了一次超出部族范围的大融汇，同时也产生了神话系统上的混乱。而神国中先是几个天帝并立，后来逐渐排弃了各部族的天帝，开始以黄炎为祖先神话的核心人物的新纪元。这次天国之争，是华夏神话体系形成的先声。比如帝俊，原为东方夷人的部族神，后改名换姓为帝喾，又为帝舜，慢慢地便不如原先那么显赫了。而古羌人的女天帝、始祖神女娲，也被剥夺了天帝的职务，只有始祖母一职保留了下来。特别是进入奴隶社会以后，女性神的地位更是每况愈下。这便是古人称女娲为古天帝③，而后世不解其原因的由来。

需要说明的有三点：首先，华夏族不是后人称为"夏

---

① 《左传》文公十八年。

② 见《史记·三代世表》、《夏本纪》、《殷本纪》、《周本纪》。

③ 见《楚辞·天问》并注。

民族"的后代，夏民族指的是奉禹为始祖的一支居民，即以往常讲的夏后氏，也就是夏王朝的王族。夏代国家不是由禹为始祖的一支血缘家族集团所组成的，而是夏代前夕整个地域联盟转化而来的；华夏族也不是由夏后氏一支演化而成的，而是由夏代以前各部族成员组成的。华夏神话同样不是夏后氏的神话，而是包括有虞氏（舜）、四岳、共工、禹、契、弃、伯益、伯夷、皋陶以及有扈氏、有穷氏、有仍氏、有鬲氏、斟灌氏、斟鄩氏、伯明氏①、昆吾②、陶唐氏③、葛④、豕韦⑤等部族的神话。并且还包括与这些部族有血缘关系或者有一定文化往来的部族的神话。一句话，包括后世称谓的羌、戎狄、夷、苗蛮各部族的神话。

其次，"华夏"最初称为"有夏"或"区夏"，而后用"诸夏"、"华夏"、"华"等名称。而"大夏"却只是夏代国都地址，今太原地区⑥。由"启"称"夏后"，说明夏代开国者应是"启"而不是禹。因此，华夏族的形成时间上限应是"启"开国之时。但是，华夏神话与历史事实却不能同时同等而论，华夏神话体系形成的起点应是以鲧禹治水神话为标志。由治水而串起来的各部族的神话是华夏神话体系开始形成的先声。国家、民族的形成需要一个相当长的时间，在这期间，意识形态领域里同样有一个长期的融汇的过

---

① 《左传》襄公四年。

② 《国语·郑语》。

③ 《左传》襄公二十九年。

④ 《孟子·滕文公下》。

⑤ 《水经注》"济水"下引《史迁记》。

⑥ 《左传》定公四年有"命以《唐诰》，而封于夏墟"。杜预注："夏墟，大夏，今太原晋阳。"

5

程。神话世界中就有一个主神被筛选、被确立、被承认的过程。这个过程的起点不是以民族、国家的形成为标志，而终点，同样不能以此为标志。

再次，不能以华夏族最初形成时的地域范围作为划分华夏神话范围的界限。文化、神话的传播融汇能力远远超过民族的融汇能力。后世融为华夏族的各部族，后世没有融汇为华夏族，但文化上有联系的各部族，其神话除本族特有的神话外，可以一并归入华夏神话体系的研究范畴统一考察。如与东夷有联系的肃慎、越人；与羌人有联系的百濮、巴蜀，后世羌人南下西进后的云南、贵州、四川等地；与西部羌人有联系的西藏、青海、新疆南疆地区；与北狄有联系的漠北各部族乃至今日新疆北疆地区等。

下面我们再将与华夏神话体系形成有关的几个文化要素予以简要叙述。

语言、文化、民族自觉意识、共同心理素质以及地域等是形成华夏神话体系不容忽视的因素。

（一）共同语言。在原始社会，"部落和方言在本质上是一致的"①。部落以方言为标志，方言是语言的地方变体。当一个氏族部落由于自然繁衍而分裂成许多部落时，由于环境的隔离，语言上便逐渐产生了差别。而"部落的分割直至方言发生变化时始告完成"②。但是，新出现的各部落间往来频繁，尤其是相互组成部落联盟的各部族，就不会发展

---

① ［德］恩格斯《家庭、私有制和国家的起源》，人民出版社1972年版，第89页。

② ［美］摩尔根《古代社会》第一册，商务印书馆1971年版，第187页。

成为各自独立的亲属语言，而是在这些方言中有一种方言成为整个联盟的共同语。同时，各部落的方言仍然存在。反之，当这些落部各自独立，不再与别的部落结为联盟时，各自的语言就形成了同一语系之内的，既有亲属关系又各自独立的语言。汉藏语系的各民族大多属于这种情况。华夏族形成之后，提出戎狄夷蛮这组概念对内外以示区别，使这些后进的氏族部落逐渐自成一体，占有一定的地域，使用着一种跨部落的共同语（同时也有各自的方言），成为一个民族。华夏族形成以前，语言的使用情况与今天是大不相同的。联盟是以氏族为其基础及中心，而以共同语为其范围的。所以从来没有发现一个部落联盟组织是越过其母语所派生的数种方言范围以外的。由部落联盟演进而成为文明民族后，联盟中的共同语言就必然成其为民族共同语。同时与联盟相同，保留着民族内部的不同方言。华夏族的语言就是如此。

华夏族存在着共同语，即所谓雅言。雅通夏，雅言即夏言。《论语·述而》云："子所雅言，《诗》、《书》、执礼，皆雅言也。"郑玄注："读先王典法，必正其音。"这样"皆用雅言，然后辞义明达"。《墨子·天志下》引《大雅·皇矣》作《大夏·皇矣》，认为雅言就是夏言。这是华夏族形成前后，夏方言上升为华夏族共同语的标准语的结果。雅言就是华夏族的共同语。《荀子·王制篇》云："使夷俗邪音，不敢乱雅。"即说明东夷语原是各部族联盟时的方言，华夏族共同语形成后，夷俗邪音不能与华夏共同语相提并论，成为共同语以外的一个地方方言。《左传》宣公十年记有："楚人谓乳谷，谓虎於菟。"这是用共同语中的标准音去注释楚方言。南方之吴、越、楚等地与北方各国在民族、语言上的统一是不容置疑的。现在见到的甲骨文、金文和传世的先秦各代各国的文献，记录的都是同一种语言。汉语的"基本词汇可以追溯到数千年以前"①，并且"数千年来……汉语语法的变化是不大的"②。如此说来，夏、商、周三代确系同一民族建立的不同朝代。他们使用着同一种语言（各有方言）、同一种文字，与夏、商、周三代相联系的各部族在语言上属同一共同语之下的各方言（有一部分后世演化为一些后进民族的共同语）。语言是民族的标志之一，语言的延续，说明民族的延续。语言的传播融汇是民族融汇的先声。例如现代西南一些民族的神话中的神，有用汉语称谓的，像女娲、伏羲、盘古、玉皇大帝等；有用民族语称谓的，像尼支呷洛（彝族）、桑吉达布鲁（纳西族）、阿布帖和阿约帖（白族勒墨人）等等。用汉语称谓的神与神话，是早期华夏神话的一部分，或者是后期传播而去的华夏神话，用民族语称名的神和神话，则大多是属于他们民族的语言形成以后产生的神话。换言之，前者是华夏神话，后者是他们本民族的神话。

从神话产生、传播的主要工具之一语言的角度看来，华夏神话体系的形成与传播及其丰富的内容，是难以否认的历史事实。

（二）共同地域。首先要说明的一点是：华夏族不等同于今日国土上的五十六个民族。他们属于较广泛的民族共同体。民族的共同区域，不是说该民族所有成员都必须居住在

---

① 王力《汉语史稿》下册，中华书局1980年版，第493页。
② 王力《汉语史稿》中册，中华书局1980年版，第211页。

一定的地域之内，而是说所居住的地域在地理上或者在文化上是连成一片的。

《左传》昭公九年："（周景）王使詹桓伯辞于晋曰：我自夏以后稷，魏、骀、芮、岐、毕，吾西土也。及武王克商，薄姑、商奄，吾东土也。巴、濮、楚、邓，吾南土也。肃慎、燕、亳，吾北土也。"这是周王朝的疆域范围，与夏商两代辖地基本一致。近世有学者认为仰韶文化系夏人祖先的文化遗存，龙山文化是商人祖先的文化等等，而夏商周三代王族或其祖先曾在地理上相距遥远的地区生活，因而他们不是一个民族。这和我们的讨论并不矛盾。仰韶文化、大汶口文化、龙山文化、红山文化、吴越文化、巴蜀文化均与华夏文化的形成、华夏族的形成有一定的、不可否认的联系。可以说，考古资料提供给我们的是华夏族形成前期与形成之际在文化地理上辖地广阔、不可分割的一幅民族融汇图，几乎遍及今日之国土。华夏族成员的居地不可能有如此广阔的面积，而是与一些所谓的戎狄夷蛮杂居，或者是居住着与华夏族有族源、文化等联系的其他部族。后世甚至出现过"南夷与北狄交"的危急形势。但是，即便在这种情况下，"中国不绝若线"，说明华夏族形成后从未被分裂成互不相连的几部分，他们始终保持着自己的共同地域。而后世四周诸部族融入华夏族，在文化地理上的统一，更进一步奠定了华夏神话系统研究的可能性与科学性。

（三）共同的生活习俗。每个民族都有自己的物质生活方式和风俗习惯，这些形成了体现该民族特征的民族文化。至于形成较为固定的民族形式和风格，并升华为代表民族的标志，是较晚的事了。但无论是早期民族或者现代民族，其物质生活方式和风俗习惯都与民族心理相关。华夏族的文化、生活习俗同样是建立在共同心理与共同物质生活基础之上的。

《左传》襄公十四年有："我诸戎饮食衣服不与华同。"说明华夏族在饮食衣饰上不同于其他民族。从大量的出土文物与保留至今的为数极多的饮具、食器和酒具看来，其制作过程、造型特点以及纹饰上呈现出的共同特点，是华夏族物质文化的一个特征。

从服饰上看，华夏族的特征是"右衽"，而"被发左衽"则不是华夏族的习俗①。华夏族结发着冠，头发在冠下结为螺形。华夏人足着履。这些只是见于记载的基本特征，不能认为是华夏族的唯一的特征。在华夏中心地区的显贵们如此，而四周与诸部族杂居的华夏居民，服饰上是不可能统一的。如越人"断发文身"②，古越国是华夏成员，他们却是这样的装饰。北狄、西戎中有椎发、编发的习俗，华夏族中普通人同样如此。就是说，以上服饰是粗略地例举，但不失为一些特征。

从出土文物与文献资料综合看来，夏商周三代的居住设施、大型建筑均是"三代相因，异名同实"③。相传禹作城廓，至夏商周三代的城廓建筑，如宫室、庙宇等，均在建筑样式、建筑艺术上依循着共同的传统。近年来发现的陕西凤雏村西周建筑基址，便是以殿堂为中心，合理地安排庭、

---

① 《论语·宪问》："微管仲，吾其被发左衽矣。"
② 《庄子·逍遥游》："越人断发文身。"
③ 《戴东原集》卷二《明堂考》。

10

房、门、廊、阶、屏等单个建筑，与华夏族传统的建筑布局有堂有阶、有室有房、有庭有亭、有塾有门是一脉相承的。至今西北远至新疆同样存在与二里头商文化相同的半穴居和地面建筑两种形式。而地面建筑以木架结构，夯土为墙，屋顶用瓦或草铺盖，取四阿式或两坡式两种式样。西南则更甚。这同样可以说明华夏文化的传播和华夏族的共同地域。

交通工具方面，甲骨文中已有"舟"、"车"字。商周的车都是独辕、两轮，车箱呈方形，车前套两匹或四匹马。这可谓华夏族的一个特征。本世纪中叶在阿尔泰山北麓，原苏联境内巴泽雷克墓地五号墓出土的一辆有四匹马驾车的作为殉葬品的马车，其形状、制作、驾驭方法与古希腊、古波斯的车均不相同，经研究是中国的。它的形状与秦始皇兵马俑坑出土的铜马车的形状、马的数目、驾车的方法几乎完全一样。同时还有刺绣，有凤、凰图案的一块鞍褥面。凤栖息于树上，凰飞翔于树间，一幅凰求凤的美妙的图案，形态生动，造型逼真、美观。而时间，则最晚是战国初年①。可见当时华夏文化传播之广、影响之大是令人惊诧的。从文化地理角度予以考察，证实车的使用是华夏文化的一个特征。神话中羲和驾车，每日载一个太阳奔驰过天空，可作为这一特征的反映。

丧葬习惯上，华夏族实行土葬，与仰韶文化、龙山文化的葬法可相互印证。与一些部族的火葬、水葬不同。

古代占卜和祭祀在日常生活中有着重要的地位。二里头

_____

① 见新疆社会科学院考古研究所编《新疆考古三十年》，新疆人民出版社1983年版。

遗址中已有卜骨，而商周的占卜和祭祀之隆重是众所周知的。夏商周三代祭祀的内容，一是祭祖先，二是祭自然神，其内容与形式上是相同的。不但三代王族如此，源于东、北、西的各部族也大致相同；就连自称为"夷蛮"的荆楚，也同样如此。所祭的对象，除祖先外，同样有河伯（河神）、山鬼（山神）等。湘君湘夫人又是舜之二妃，是东夷人的神。估计与楚有联系的南方诸部族也多有相同之处。

礼，是华夏文化的核心。夏商周三代内容大致因袭相传。礼的产生、传播与物质生活习惯有密切关系。在一定意义上讲，礼是华夏文化的标志。华夏之"礼"对周围各部族乃至东亚、东南亚一些国家的影响直到近代仍显示着顽强的生命力。受其影响的各部族的文化也必然因此产生一定的变化。礼的产生，是华夏文化、华夏族共同的心理、民族意识形成的必然结果。接受其影响，依循其规范，是融入华夏族的一个条件。在"礼"的影响下接受华夏神话或在"礼"的影响下产生的各部族的部分神话，可据此作一研究的突破点。比如，南方诸少数民族的文化中"礼"、"德"、"孝"的观念意识以及反映在神话传说中的此类心理是显而易见的。而漠北阿尔泰语系各民族，相对说来，受此影响就较少。

（四）民族自觉意识与共同心理素质。在共同语言、共同地域、共同风俗习惯的基础上，必然会产生共同的心理素质与民族自觉意识。其主要表现在"戎狄夷蛮"这组概念的提出。为有别于四周诸部族，将这组概念冠于其名是一最明显的例证。但这组概念在实际运用中范围并不固定，各代也不一样。从今天看来，先秦包括在这组概念范围内的诸部

12

族有许多都是华夏族，如秦、楚等。

从产生这种意识到这种意识的确立，华夏族走过了这样三个阶段。一是属仰韶文化各部落与属龙山文化各部落，以至属红山文化、苗蛮文化各部落，为进居物产丰富的中原地区相互间进行着既联合又斗争的长时间的部落战争，最后组成一个较为稳固的"永久的联盟"，逐渐过渡为华夏族。二是古来隶属华夏族的夏商周三代王族在其建立的三个王朝时期，进一步巩固扩大了华夏族。三是自春秋始的诸侯混战，天子架空，经五霸七雄至统一，是华夏族内部的一次洗礼和第一次内部争端，从而更为巩固扩大了华夏族。这样就合理地解释了历史上一个令人费解的问题，即春秋战国间各国混战，自称华夏，无一不想吞并诸国以成霸主，但是周天子虽则架空却依然留存的原因。这是一个民族内部暂时的动乱现象，这是一种民族自觉意识的反映，是建立在同一民族共同心理素质之上的"兄弟阋墙"，家中打架的局面。华夏神话也于此时趋向进一步统一，并逐步奠定了自己的体系。

（五）姓氏的使用。姓氏源于母系氏族阶段，粗略形成于奴隶社会，定型繁盛于封建社会。中国所谓"百家姓"，实则要多得多，大约有五六千种姓氏。华夏族姓氏体系的形成，是华夏文化的一个突出标志。接受华夏的姓氏，是接受华夏文化，成为华夏大家庭中一员的重要的一步。南方诸少数民族神话中的神，有不少是华夏姓氏以汉语命名的。这已在前面作了简述，除此外，最重要的是南方各少数民族大多使用华夏姓氏，计有白、纳西、壮、布依、苗、土家、侗、瑶族等等。相对来说，北方阿尔泰语系各民族除东北满、朝鲜族外，鄂伦春、鄂温克、蒙古、维吾尔、哈萨克、柯尔克

孜等却无有或极少有这种现象。这说明华夏文化北向传播弱
而南向传播强。这与历史上中原王朝每每受北方游牧民族骚
扰的历史现实相符合。当然，这并不是说北方民族就不是华
夏大家庭的一员。历史上，匈奴、突厥、蒙古、金、辽、鲜
卑、西夏、满等族都程度不同地受到了华夏文化的影响，同
时也影响了华夏文化。他们的神话中，同样有华夏神话传播
的踪迹。

由于上述诸文化要素的形成和发展，使华夏神话形成自
己的体系成为了一种可能和必然，进而成为事实，并进一步
证明了宏观地系统地在中国大地上追踪华夏神话源流的踪迹
是有历史和科学依据的。同时也解开了一个长久的奥秘，即
华夏神话中之所以体现出来的都是征服自然、讴歌英雄、歌
颂真善美的那种朴素、真诚、高尚等各种美，就是由在这块
共同的地域上，操共同语言（有不同方言）、有着共同文
化、共同心理素质的华夏族和与华夏族有着种种联系的周围
诸部族的生活实际所决定的。华夏神话的美学研究，将会对
中国文化的特征，中国民族的心理意识、民族精神与风貌的
起源和发展的研究，起到有力的推动作用。而这个起点，则
必须建立在华夏神话这一系统研究的基本点上。这对研究中
国这个"文明之邦"的形成与内涵有着不可估量的价值和
作用。

华夏神话与中国兄弟民族神话

    中国少数民族神话，在数量上可谓"多"，在分类学中可谓"全"，在质量上可谓"真"，在形式上可谓"杂"，在记录为文字上可谓"晚"。由于这几个原因，要将中国各少数民族的神话作以通盘研究，并非易事。何况西南、西北、东北远离中原，相互之间的联系总不是那么容易把握。从近年来对诸少数民族神话搜集、整理、刊布、研究的成果看，特别是丛书《中国各民族神话》（书海出版社 2014 年版）问世，搞一部中国神话通论的时间已经到来。

    中国现代划分的各个民族的祖先，在上古时代确实有一定的联系。相互之间文化的影响、渗透、融汇造成了神话的传播，这一点是不容否认的。

    除去现代划分的各民族自己独有的神话外，可以说任何一个民族的神话与华夏神话体系或多或少均有牵连。从东北到西北，到西南，到东南，可以说其神话都与古代华夏文化中之神话有一定的联系。这一点是有确切的线索可供查寻

15

的。为说明这一问题，笔者按照从东到东北，到西北，再到西南、东南的顺序，将居住在这些地区的各少数民族神话与华夏神话的联系作一简要的梳理。

一、北方神话的共同现象

华夏神话中，东部神话系统里有一则有趣的神话传说，即玄鸟降商的神话，各书记载辑录如下：

《诗经·商颂·玄鸟》："天命玄鸟，降而生商。"

《诗经·商颂·长发》："有娀方将，帝立子生商。"

《楚辞·天问》："简狄在台，喾何宜？玄鸟致诒，女何喜？"

《吕氏春秋·音初篇》："有娀氏有二佚女，为之九成之台，饮食必以鼓。帝令燕往视之，鸣若谥谥。二女爱而争搏之，覆以玉筐。少选，发而视之，燕遗二卵，北飞，遂不反。二女作歌，一终曰：'燕燕往飞！'实始作为北音。"

《史记·殷本纪》："殷契，母曰简狄，有娀氏之女，为帝喾次妃。三人行浴，见玄鸟堕其卵，简狄取吞之，因孕生契。"

《尚书·中候》："玄鸟翔水，遗卵于流，娀简吞之，生契封商。"①

《礼记·月令》疏："娀简狄吞凤子……"

《淮南子·地形训》云："有娀在不周之北，长女简翟，少女建疵。"

不周山，《山海经·大荒西经》云："西北海之外……

① 《太平御览》卷八三引。

有山而不合，名曰不周负子（按：‘负子’二字盖衍文），有两黄兽守之。”再《西次三经》云：“不周之山，北望诸毗之山，临彼岳崇之山，东望泑泽，河水所潜也。”

不周山在西北，与崒（密）山、钟山临近，当在昆仑山一带。郭璞注云：“此山形有缺不周匝处，因名。云西北不周风自此山出。”① 然“河水所潜也”，当与昆仑山是一脉相承的山了，因古来皆云河出昆仑，疑可能指的是阿尔金山或天山（即今祁连山）。因这两山皆有交通道口跨越向西。古时，只有人走过此山，才能对此山有所描述，既然共工触不周山，使“天倾西北”，“地不满东南”，可知不周山不仅是西北风所出之地，还是顶天天柱，而成为天柱的山，又系昆仑山，“天中柱也”②。可知这则神话从中国东部到西部是联系在一条线上的，又以黄河一线贯通东西。这是一条相互联系的线索。

为进一步讨论，必先将以上引文作一要点的总结。这则神话的要点是二女在高台上，受燕卵而孕产契，为商人祖。有娀，乃西北古氏族名，是甘肃山丹一带的古氏族。古代统称西方部族为“戎”，知这则神话与西北有联系。这是第一。第二，有娀在不周北，进入昆仑神区，地点无疑在西北。第三，二女在高台上（也有记洗浴时的），高台是在不周山下，也就是共工之台。《山海经·大荒西经》有“不周（负子）……有禹攻共工国山”（此处“负子”，原意可能

---

① 见《山海经·西山经》。
② 《艺文类聚》卷七《昆仑山》条引《龙鱼河图》，又见引《神异经》。《史记》引《禹本纪》：“言河出昆仑。”

指山上有子，即简狄。不为定论）。再《大荒经》曰："大荒之中……有系昆之山者，有共工之台。"又《海外北经》曰："（共工）台在其（相柳）东，台四方，隅有一蛇，虎色，首冲南方。"《大荒北经》："共工之台，射者不敢北向。"又《海外北经》："（射者）不敢北射，畏共工之台。"第四，"燕燕往飞"开始成为北方音乐歌辞是很重要的一点。中国夏代时，方位概念业已准确。至商代，东、西、南、北、中五方观念已确定无疑。《吕氏春秋》记之为北音之始，所指绝不是南方长江一带的人称之为北方的黄河流域，所指实为黄河以北的北方，这与北方有共工之台便吻合在一起了，地点应在今日长城一线或更北向一些。第五，玄鸟降卵生契是父系制开始，是商人远祖契这位男性祖先的来源。又与候鸟燕子有关，是商部族以此定四时播种农业的反映。这则神话产生于东部进入父系社会以后，不是东部的最初时母系氏族时的图腾神话，而是父系确立后的农业生产的反映。这就是商人最古之图腾绝不是也不可能是燕子——玄鸟的原因。

清楚以上几点之后，讨论就有了拓展开来的前提。

与此相类的神话，在东北古今少数民族中均有之。

据《清太祖武皇帝实录》云："长白山，山高地寒，风劲不休，夏日，环山之兽，俱投憩此山中……山之东北布库里山下一泊，名布儿湖里。初，天降三仙女浴于泊，长名恩古伦，次名正古伦，三名佛古伦。浴毕上岸。有神鹊衔一朱果置佛古伦衣上，色甚鲜妍，佛古伦爱之，不忍释手，遂衔口中。甫著衣，其果入腹中，既感而成孕……后生一男，生而能言，倏而长成。"

《尚书·中候》称："契之卵生。"应是与简狄吞卵而生不尽相同的另一异文。它可能是这则神话最初时的形态。《论衡·吉验篇》云："北夷橐离国王侍婢有娠。王欲杀之。婢对曰：'有气大如鸡子，从天而下，我故有娠。'后生子……"

再王氏高丽朝金富轼《三国史记》云："扶余……有人，不知所从来，自称天帝子解慕漱来都焉。……（扶余王）金蛙……得女子于大白山南优勃水。问之，曰：'我是河伯之女，名柳花，与诸娣出游。时有男子自言天帝子解慕漱，诱我于熊心山下鸭绿江边室中私会，即往不返。父母责我无媒而从人，遂返居优勃水。金蛙异之，幽闭于室中，（女）为日所炤，引身避之，日影又遂而炤之，因而有孕，生一卵，大如五升许。'"而后"以物裹之，置于暖处，有一男子，破壳而出……是为朱蒙"。

这些都是同一神话的不同异文，实乃流传不同所致。上述东北满族、高丽族（今朝鲜族）并有今日之赫哲族人称之为阔里的女性神，都与鸟降卵生契有联系。简狄、古伦、阔里是一人之演化。

古代居住在内外蒙古（包括今山西北部）一带的匈奴、高车等族也有类似的神话传说。

《魏书·高车传》有："高车，盖古赤狄之余种也。……俗云：匈奴单于生二女，姿容甚美，国人皆以为神。单于曰：吾有此女，安可配人，将以与天。乃于国北无人之地筑高台，置二女其上，曰：'请天自迎之。'经三年，其母欲迎之，单于曰：'不可，未彻之间耳。'复一年，乃有一老狼昼夜守台嗥呼，因穿台下为空穴，经时不去。其小女曰：'吾父处吾于此，欲将与天，而今狼来，或是神物，天使之然。'将下就之。其姐大惊，曰：'此是畜生，无乃辱父母也。'妹不从，下为狼妻而产子，后遂滋繁成国。故其人好引声长歌，似狼嗥。"

匈奴，实是古代突厥族之一部。《史记》云："匈奴，其先祖夏后氏之苗裔也。"①《魏书》言高车系赤狄之余种，应是有一定的根据。秦汉间，今山西太原一线之北，基本系匈奴辖地，当与华夏之氏有着祖源上的关系。而高车，又是现今维吾尔族之远祖之一。维吾尔族、哈萨克族都与匈奴同为古代突厥诸部所属，有着神话传说中的相似性。古突厥、乌孙、回鹘，至今天的哈萨克、蒙古族、柯尔克孜族均有崇拜狼的习俗，可认为这些部族早期的确有着血缘近亲关系。

这则神话传说中，详细论述了二女置于高台上是为何故。这是简狄生契神话中不曾有的。想为何简狄二人于高台上，而天帝派玄鸟陨卵使其始生一族的呢？其原因应当与这则神话是一回事。将女嫁与天，而送往北方高台之上，后得幸于天帝，产一族，这是这类神话传说的核心。据金景芳先生考，商人源于东北，而后迁居黄河下游，是有一定道理的。②是同源，还是传播，还是平行进化而造成这类相似的神话传说，目前还不能断言，但二者之间的联系却是显而易见的。

今日新疆的柯尔克孜族，也有鸟陨卵妇女吞之生子的神

---

① 《史记·匈奴列传》。
② 金景芳《中国奴隶社会史》，上海人民出版社1983年版。

话传说，卫拉特蒙古人中也有鸟父树母的神话①。更为可贵的是现代维吾尔族还保留着几则与此相类似的神话故事。现简述如下：

其一，流传在喀什地区的一则传说有这样的主要情节：一个国王有两个女儿，生得非常非常漂亮，国王就把她们送到城外的一座长满桃树、开着桃花的山上，垒起一座高台，下盖一座房屋，让她们住在那里。后来，太阳神派一神下来与公主交接，使她们怀孕生了孩子。

其二，国王有个漂亮的女儿，爱上了一个男子，但父王不允，就将女儿送到半空中，在半空中盖一座别墅，让女儿住在里面。父亲每天早晨驾云去看望女儿。后青年男子乘木马夜半飞上天空与公主相会，为父王得知，父王严厉地惩罚了女儿与青年男子。

另外，居住在帕米尔高原上的塔吉克族至今流传着一个公主堡的故事。讲的是波斯国王派使臣迎娶汉家公主，至此逢战乱，将公主置于一个四面陡峭的高台之上。三个月后，公主有孕了。据查系一男子乘马从日中出来降至台顶与公主相会所致。后公主生一男子，成了国王。这个故事详见于《大唐西域记》。

值得注意的是这三则流传在新疆各民族的神话传说，有一个共同点，即漂亮的公主住在高台上，目的全是与天之神交接。这与单于之二女在北方高台上，简狄二姊妹在高台上完全相同。我们不能认为这横贯大漠的几则神话故事呈现出

---

① 姚宝瑄、张越《新疆少数民族神话故事》，新疆人民出版社 1989 年版。

来的共同点是偶然的现象，其中，定有必然的联系。有趣的是商代各氏族名称前均加"有"，若去掉这个"有"字，即简狄就是娀（戎）氏之女，即戎狄夷蛮之"戎"。而不周之山又在西北，"有娀在不周之北"①。"燕燕往飞"这是中原之北的最早的音乐（商时中原为东、西、南、北、中五方的"中"地）。可以这样认为，同类神话表现在汉文古籍里关于商人远祖的传说之中，却与东北、漠北、西北有着不可否认的联系。这是中国北方神话的一个典型的类型。同时又说明，所谓的今日"汉民族的神话"、"少数民族的神话"在概念上值得商榷。这些神话之间有着一定的、历史的、必然的联系，绝不能将它们分割开来，它们是一个处在变异演化之中的总体。从东部沿海到东北，到漠北到西北，无论古代有多少战争纷乱，但文化却有着自身的共同特点。至于这类神话是产生于东北、漠北，还是产生于东部、西北部，目前笔者不敢妄下断言。

二、从西北到西南——神话的传播

从西北到西南，神话的传播有一个路线的问题，这一点，笔者在拙作《中国古代神话——中原文学、西域文学的共同土壤》与《昆仑神话入中原初探》两篇文章中曾探讨过，这里不再详述。②

从西北到西南，或从西南到西北，需要有一个中介地区。这个地区大约是今日甘、青、陕一带。这部分应有三则

---

① 《淮南子·地形训》。

② 《新疆社会科学》，1985 年第 3 期。

重要的神话故事需要追述。一是伏羲与女娲，二是盘古与槃瓠，三是牛郎织女与傣族的《召树屯》、蒙古族的《格拉斯青与七仙女》的源头问题。我们分而述之。这里只着重谈及第一则故事。

先讲女娲。

女娲是华夏神话体系中一位显赫的古神，她的主要神绩是补天、治水、造人类。天下大雨，而女娲须炼石补天。女娲所治之水与共工撞不周山后振发洪水不是一回事。补天用五色石，是女娲氏族中以石为图腾的一个标志。补天只能阻止天不再下雨，而地上的水欲治理，还应有另外举动。这就造成这则神话中前后衔接的两部分。下雨造成洪水，是补天治水的前提条件。补天，是治水的根本措施。补完天后，治理地上洪水是善后工作。而女娲为何竭尽全力补天治水呢？主要因她创造了人类，是人的祖先。自己的儿女受难，祖先神焉有坐视不救之理，这可能就是这则神话产生的思想根源与前后顺序。

这样看来，女娲神话的核心是这样组成的：用泥土造人，先是手捏成人，而后用绳（应是藤）鞭泥浆，泥点子飞起来成为人。初时人很小，与兔子等为伍。天下大雨，女娲炼石补天，堵塞天之漏洞。这是"天"这一抽象概念形成后，并有漏与堵这一组矛盾对立概念产生来强化。治理洪水的善后工作，计有杀黑龙，以芦灰止淫水，断鳌足立四极等。其形状是人首蛇身。这里需要说明一点，后人据女娲是蛇身判断此为南方水乡神话，根据是，南方热，蛇多。殊不知古代北方与今日南方一样气候暖和，多蛇、多大象、多热带动植物。至今日，黄河流域蛇仍不少。这种推论暂作为一

23

说备于此。

这就使我们对这则神话有了一个大概的了解。龙，以蛇为主干。龙是华夏族的图腾，约五千年前产生于黄河流域。现各民族特别是南方水乡之民族多有崇龙的故事。如果说，龙不是译自南方少数民族的名词的话，那么要查清的一点即南方和四周诸少数民族中所谓的龙是否与华夏族的龙同为一物，其形体如果不同，那就是译名词所误造成的；如果相同，则可以完全断定，所有各民族的龙与华夏族（名称、形态、神性）的相同，有关的故事，是受华夏神话影响所致，或者是在原有神话的基础上与华夏龙神融为一体。这应是没有必要再争议的一个判别各少数民族神话与华夏神话之关系的要点。华夏神话中的古神大都人兽合体，人面蛇身者居多。而查各少数民族神话中之神，要么人形，要么兽形，人兽合体者少之。即使苗瑶语族备加推崇的槃瓠，也只是一条龙狗，一条娶了人的真正的神狗。九隆也是龙，其形体是人，是人的祖先，而不是神。如同刘邦母亲感龙体而生刘邦一样同属一类。女娲神话实源于北方。女娲之名首见屈原《天问》，而不见中原先秦古籍，也难以将其断为南方水乡之神，实际上这是中原政治条件、思想流派的影响所致。由此可见，研究女娲神话的要点有二：一是上述该神话的几个主要组成部分，二是女娲由神及人的演化。

新疆卫拉特蒙古有创世神话说：古时由麦德尔娘娘马踏天水以燃起天火，烧落宇宙灰尘，沉落水面，以成大地。这是女娲"积灰芦以止淫水"神话的补充。疑女娲积灰芦是造大地，要么为何还要"断鳌足以立四极"呢？

有趣的是，将鳌（大龟）的四肢砍断支撑起四极、大地，又是北方神话的一个明显特点。东部海洋系统有神龟驮海岛五座，即三仙山之雏形。西北有神龟驮大地神话，卫拉特蒙古、维吾尔族、柯尔克孜族、哈萨克族均有这类神话。再是哈萨克族、藏族有神牛顶大地的神话（维吾尔族、蒙古族也有）。这种同为一动物驮顶大地的神话，不能视为是一种偶然。而此类神话多集中于西北，包括藏族，西南则少见。应该说神龟驮大地，龟动就地震，是女娲"断鳌足以立四极"神话的本源。

再女娲抟黄土造人，与维吾尔族《女天神创世》中的女天神用泥点子造人相同。此类神话又见于哈萨克族与北方一些民族，例如流传于藏族地区（系藏、汉杂居区）之女娲娘娘造的小泥人与兔子同伍的神话，更使我们感到维吾尔族女神用泥点子造了小人后，又一个一个抚摸他（她）们长大的神话的可贵，这可能也系女娲造人神话的一些补充资料吧！

至今流传在西北包括汉民族记载的女娲神话或者是与此相似的神话中的主角都是神，是人、神的祖先，而不是人去受神的支配。

再说伏羲。

伏羲是华夏神话体系中显赫的天帝之一，是送火给人类的天神，诞生于西北极远的华胥氏之国①，系雷神之后。对伏羲虽然没有女娲这几则集中表示其功绩的神话的记载，但他的发明神话却给我们勾画出了一个大致的轮廓，并且可以认为初时伏羲女娲二者并无联系。最重要的是伏羲神话中至

---

① 见袁珂《中国神话传说》中有关章节。

今难以找到与洪水和造人有联系的故事线索，但与女娲联系在一起以后，就作为人类男性祖先的身份，开始与女娲同享人间祭祀的香火了。

伏羲女娲二人同造人类的神话，应当是神话进入父系社会后的产物，即神话转折期与定型期的产物。就思想认识来讲，必定是人类认识到人的产生与男女交媾有关才萌发的念头，其社会基础是父系确立后，男性祖先抢夺女性祖先的功绩时所掺入的。因造人不同于农神、谷神、天神，离了女性是不行的，所以才将一男一女拉扯在一起。就具体时间讲，不会早过夏王朝。就目前所见到的资料而论，帛画、汉画、汉墓砖刻画是其二神最早的静态表现。

无论当时神话的记载，或是帛画、墓画的表现，止汉代，女娲伏羲仍是神，是人首蛇身相互交尾的天神，是神国中造人的祖先，而不是人受命于神、后而造人的故事中的主角。

在新疆古墓葬中已出土伏羲女娲画像几十幅之多，并有明显的少数民族衣饰、长相上的特点。时间以唐代为多，二者仍是人首蛇身的神，交尾于日月之下，人类之上。就是说，他（她）们仍是神，而不是人。这可以确切地证明两点，一是伏羲女娲神话起码在西北新疆，即古代西域地区流传近两千年了。二是在少数民族地区的该神话的流传，截至唐代，演化的踪迹并不明显，由神向人演化的迹象刚刚露头。

唐李冗有一段记载二者神话的可贵资料："昔宇宙初开之时，止女娲兄妹二人在昆仑山，而天下未有人民。议以为夫妻，又自羞耻。兄即与其妹上昆仑山，咒曰：'天若遣我

26

二人为夫妻，而烟悉合；若不，使烟散。'于烟即合。其妹即来就兄，乃结草为扇，以障其面。"① 这是这则神话演化的关键，即二者已由神开始转化为人；宇宙初开之时，唯有的兄妹二人是人类始祖，首次造人者。合天意而兄妹为婚，有了明显的封建思想的掺入。

再查今日西南，南方的瑶、仫佬、土家、黎、彝、白、哈尼、傈僳、纳西、普米、怒、崩龙、独龙、基诺、苗、水、布依等民族关于兄妹结婚与此类似的神话中，主角兄妹二人或伏羲女娲，或是别的祖先，都是人而不是神。《楚风》四期上刊载的湖南瑶族古歌《发习冬奶》中除烟火外，另添加的头发、竹尾、石磨相交相合的情节，使其更有了人情味，具有形式美的特点。他们不是人类始祖，而是人类受难于雷神后，重新繁衍的始祖，即二次造人。闻一多、袁珂诸先生引证的广西融县罗城瑶族中的传说是最好的证明。② 这一点，与李冗所记之要点完全不同，将兄妹二人创人类的神话，与洪水神话纠葛在一起，派生出了二次造人的神话传说。这由神到人的转变，由神首次创造人（女娲抟黄土造人）到兄妹为婚首次造人（李冗记之）再至兄妹二人受命于神，承天意二次造人，是一条清晰流传演化的线索。这条线索是由历史上时间的延续，与传播中受传者的选择二者交错而成的。这则神话由北向南的传播演化，将中原、西北、西南、南方各少数民族保留的神话连为一体。主人公虽已由神演化为人，但不失为研究华夏神话与各少数民族神话之间

---

① 《独异志》。
② 见闻一多《伏羲考》，袁珂《中国神话传说·开辟篇》。

关系的一则最好的资料。

现用笔者二十世纪八十年代中期搜集的一则神话传说对以上资料的结论进行佐证。西南与南方诸民族兄妹为婚的神话中，二人生出一个肉球，砍开或被风吹散后，散布四处成为各族祖先。这个情节同见于现今新疆维吾尔族的神话传说之中。其大意是：人是由一种与人类相似，但不是人的动物变来的。最初成人时只有一男一女，是天地所生的兄妹俩。二人受梦的启示结为夫妻，生一肉球。后又受梦的启示，要二人将肉球烤着吃了。二人遵天命，烤吃肉球之后，又生一男一女兄妹俩。这兄妹俩结亲，重生兄妹。如此繁衍下来，成为人类。

这则神话流传于今新疆西南隅若羌、且末、和田一带。史载这一带古为羌人居地，[①] 考古文化也说明了这一点。此类神话可能是古羌人神话的遗留物。因为与此类神话相似的记载应首推周人远祖后稷的诞生。

《诗经·大雅·生民》讲后稷母亲姜嫄外出踩了巨人的足印，孕而生子，"诞弥厥月，先生如达。不坼不副，无菑无害"。直译就是：呀，她怀满了月，先生下一个大肉蛋，剖不开也劈不断，但是既无灾也无难。而后"诞寘之隘巷，牛羊腓字之。诞寘之平林，会伐平林。诞寘之寒冰，鸟覆翼之。鸟乃去矣，后稷呱矣！实覃实讦，厥声载路。"直译即：呀！她将肉蛋丢在狭窄的路上，牛羊躲着走，不敢践踏。呀！她将肉蛋丢在大树林，偏遇上有人在砍伐树林。呀！她将肉蛋丢在寒冷的冰上，有大鸟飞来用翅膀暖着。大

---

① 参见《后汉书》、《大唐西域记》等。

28

鸟最后飞去了，后稷也离壳呱呱哭了！他能谈话，他能呼喊，他的声音响彻了道路。

"先生如达"中"达"《郑笺》曰："达，羊子也。"《说文》云："羍，小羊也，从羊，大声，读若达。"《初学记》引《说文》云："羍，七月生羔也。"段玉裁注："羍又小于羊，是初生羔也。薛踪答韦昭：'羊子初生名达。'"《虞东学诗》："人之初生皆裂胎而出，骤失所依，故堕地啼哭，唯羊连胞而下。"《诗三家集义疏》引陶元淳语："儿在母腹，胞衣裹之，生时衣先破……唯羊子之生，胞衣完具，堕地而后，母为破子……后稷生盖藏于胞中，如羊子之生，故言如达。"因此说，羊在胞中名达，其形如肉蛋。姜嫄所生曰"达"，实则是一肉蛋。这是看到鸟生卵，卵生鸟联想到的。周人系华夏族一部古羌人的后裔，羌人图腾神即羊，因而又与"羊子"相联，成为中国卵生神话的创造者。生肉蛋是西北古羌人神话中一种常见的类型。西南、南方诸民族此类神话盖源于此。

再则女娲后为媒神，古突厥诸族中有一类似媒神的赐福于人类的女神乌玛衣。据一些学者研究认为二者实系一神之演化。此也可作一旁证。

女娲、伏羲神话是北方、特别是西北神话入西南、南方最好的一个例证。

三、从西北到西南——神话的演变

以下讨论盘古与槃瓠。

这两则神话学术界已多探论，见解小异而大同，大多认为盘古系槃瓠的演化，或者二者有这样那样的联系。若想证明二者到底属于哪种联系，需要将二者比较对照才能确定。

其一，从神性角度看。

盘古之名，首见徐整《三五历纪》、《五运历年纪》，曰："天地浑沌如鸡子，盘古生其中。万八千岁，天地开辟，阳清为天，阴浊为地，盘古在其中，一日九变。神于天，圣于地。天日高一丈，地日厚一丈，盘古日长一丈。如此万八千岁，天数极高，地数极深，盘古极长。故天去地九万里。"①

"首生盘古，垂死化身；气成风云，声为雷霆，左眼为日，右眼为月，四肢五体为四极五岳，血液为江河，筋脉为地理，肌肉为田土，发髭为星辰，皮毛为草木，齿骨为金石，精髓为珠玉，汗流为雨泽。"②

"……盘古泣为江河，气为风，声为雷，目瞳为电。古说盘古氏喜为晴，怒为阴。"③

盘古在这里显然是以创世神的资格出现的。算起来盘古长约数万里，头顶蓝天，脚踩大地，可谓巨人中之巨人，而风云、雷霆、日、月、四极五岳、江河、地里、田土、星辰、草木、金石、珠玉、雨泽、黎甿④等均系盘古"垂死化身"而成。闪电、阴晴、昼夜同为盘古所致。在以前的研究中可以得知，这类神话产生于原始社会后期，是神话转折期至文明时代大门口时的产物。其中某些线索可以追溯至很

---

① 《太平御览》卷二引《三五历纪》。
② 《绎史》卷一引《五运历年纪》。
③ 《述异记》卷上。
④ 《绎史》卷一引《五运历年纪》云："（盘古）身之诸虫，因风所感，化为黎甿"。

远。可以说，盘古是宇宙万物、人、神的共同祖先。在盘古神身上，看不到一丝民族的影子。就是说，它产生在没有形成文明民族以前的原始社会。

槃瓠，首见魏时鱼豢的《魏略》，再见《后汉书·南蛮列传》，又见晋干宝的《搜神记》、晋郭璞注《山海经·海外北经》、《太平御览》引《玄中记》等。据唐李贤注《后汉书》时所引《魏略》后同注"此已上并见《风俗通》也"。可见这则神话传说于东汉时已记录在案了。然今本《风俗通》无此文，很是遗憾。可以断定，槃瓠神话源头很早，流传很广。可贵的是今日还活在人民口头之中。细查各本有关槃瓠的记载与传说，其故事梗概大致是这样的：

高辛王时，有一老妇，得耳疾，挑之，出一蚕样大小的小龙狗，将其盛于瓠中，盖以槃，很快长大，毛五色，冠名槃瓠。后有犬戎作乱，寇其边境，高辛征而不克，乃张榜招募天下能士：如得犬戎吴将军头者，非但给赏封官、封地，还妻以少女。槃瓠狗跑去咬下敌人首领的头，然高辛王欲食其言，不以少女妻槃瓠。而女儿认为父王不可言而无信。父王无奈，履行其诺言。槃瓠负女入南山。父王很是悲伤，思念女儿，派人寻找，终不可得。三年后，女儿与犬婿槃瓠生十二子，六男六女。槃瓠死去，兄妹为婚，繁衍人类，以成各族。史称其为南蛮，或直接呼之槃瓠蛮。

这则神话以及各种异文广泛流传于湘、黔、川、鄂、桂、滇、粤、闽、浙、赣等省区有关少数民族居住地区，又以苗瑶诸族为最，并跨出今日国界，渗入越南、老挝、泰国、日本等国家。虽则后世流传的多具有民间故事的特征，但确系这一神话之演变流传所致。

　　将上述地区流传的槃瓠神话故事与汉文文献中记载的有关槃瓠神的神性抽出来细查秋毫，难以找到一丝创世神的线索。结论是不容辩驳、确然无疑的：槃瓠是祖先神。槃瓠神话是祖先神话。上古祖先神与图腾神联系紧密，可以说，初时槃瓠也是一尊图腾神。无论祖先神还是图腾或二者兼而有之，均与创世神话无缘。苗族《盘王歌》中，记有盘王造犁耙、种苎麻等功绩，是将器具发明神话与祖先神连在一起的例证，实际是后人所为。此类现象是各国各民族神话中常见的一种类型，不足为证，然而却提供了一个有趣的启示，即祖先神话在流传中必将渗入器具发明，华夏神话中女娲、伏羲、黄帝、炎帝都具这一特征。然而各民族的创世神话却无有这种现象，如维吾尔族的《女天神创世》、哈萨克族的《枷萨甘创世》、蒙古族的《麦德尔娘娘创世》等神话均无这种现象。一直流传于民间口头，搜集于鄂西北神农架汉族地区的长篇神话历史叙事山歌《黑暗传》中，前面一部分是关于盘古开天辟地的神话，同样查不到与器具发明相互渗透的现象。这说明神话在流传中自身形成一条规律：器具发明神话总是与祖先神话掺和在一起，器物发明的功绩必得归功于祖先。这是由古代人的思想感情、审美感受所决定的。至于创世神话，基本上是独立的，与器物发明神话无什么关系。

　　盘古和槃瓠在神性上是没有相同之处的，一个创世，一个繁衍人类（早已有人类）。

　　其二，从神形角度看。

　　盘古，《广博物志》卷九引《五运历年纪》云："盘古之君，龙头蛇身"，是其形状。这一点，久为神话研究者所

32

忽视。可见盘古是原始社会动物崇拜的产品，是龙、蛇崇拜的结果。盘古这一形象展示了人类征服宇宙的雄心。盘古龙首蛇身、开天辟地、身化万物，是徐整所记述的一则完整系统的创世神话，绝不能分割开来研究。其蛇身，与伏羲、女娲、烛龙相同，这是华夏神话中大神们常见的一种形态。

樊瓠的形状很清楚，初出时是一条似虫似狗的小动物，长大为狗，又称龙狗、五彩狗。如是龙狗，则与华夏神话有了联系。查看文献资料，龙狗之说晚出，狗作为图腾，远不过人类开始驯养家畜以前，虽然同属动物崇拜，然崇拜的对象却是人类养驯而来的狗，不是原始的动物崇拜，因此，它是神话勃兴期的产物。按社会历史发展阶段、人类认识史的发展阶段看来，它应是野蛮时期低级阶段产生的。就神话形成的时间看，狗图腾神话早于创世神话而产生，然而产生晚的盘古却没有受到产生早的樊瓠在形体上的影响，是一个值得注意的现象。

盘古和樊瓠在神形上毫无相同之处，更没有前后承接的印迹。

其三，从语言角度看。

盘古、樊瓠在读音上极为相近，这是一些研究者认为二者同源，或者盘古是由瓠演化来的唯一根据。对此笔者有一些很不成熟的看法，写出来仅供参考。

对于南方、西南诸少数民族的语言，笔者是一个十足的门外汉，一点也不懂。从民族语言角度入手笔者是没有发言权的，但不失为一条深入的线索。先谈一些专家的看法。

闻一多先生在其《伏羲考》中，认为伏羲与樊瓠神话盖出同源。

　　常任侠先生在其《沙坪坝出土之石棺画像研究》中云：
"伏羲一名，古无定书，或作伏戏、庖牺、宓羲、虑羲，同
声俱可相假。……伏羲、庖牺、盘古、槃瓠，声训可通，殆
属一词。无问汉苗，俱自承为盘古之后，两者神话，盖同出
一源也。"

　　袁珂先生亦云："今考槃瓠神话里有天下雨雷公打雷，
生子遂姓雷的传说。伏羲神话里也有'大迹出雷泽，华胥
履之，生宓牺'。[①]……二者神话出于同源之说盖可相信。"[②]

　　以上诸先辈均认同伏羲、盘古、槃瓠同源之说。源于何
处？尚待研究。计有源于西北犬戎而后入南方一说[③]，有源
于苗瑶诸族先祖一说[④]。这两者之中存在着一个共同的问
题：从语言角度看，神话的传播要有语言——共同语作基
础。操不同语言的不同部族，接受传播而来的神话传说时，
有两种现象：一是神名的意译；二是神名的音译。故事情节
初时不会有大的变动，而后逐渐丰富、损益是无疑的。如果
说一则神话是一个文化单位的话，那不管后世如何损、益，
其核心部分是不可能出现大的差误的，只能在这一核心的外
围组织内进行增删。

　　这就出现了一个问题：如今，盛传槃瓠神话的苗、瑶、
畲诸族，在语言上与汉民族同属一个语系，但隶属不同语
族、语组，其差别必然有之。槃瓠神话首见于《风俗通》，

----

　　① 《太平御览》卷七八引《诗含神雾》。
　　② 袁珂《中国神话传说》，中华书局1983年版，第87页。
　　③ 袁珂《山海经校注》，上海古籍出版社1980年版。侯绍庄《"盘瓠"
源流考》，《贵州民族研究》1981年第4期。
　　④ 龙海清《盘瓠神话的始作者：盘瓠神话研究之一》。

详见于《后汉书》。撰书之人为操汉语使用汉文字的人，欲撰其书必得根据人们口传而来的故事为本，而后付诸文字。苗、瑶、畲诸族先民将该神话传播给操汉语之人时，就有一个译制的过程，是意译，还是音译呢？这一点很关键，它迷惑了我们很多年。考槃瓠是槃和瓠两种器具的名称，看来是意译而不是音译。槃、瓠乃汉音，槃和瓠是汉语中的名词，由来已久，可追溯到甲骨文时期。既然不是音译，那么苗瑶诸族的这一祖先神应当另有名字，音译为汉语绝不应该是"槃瓠"。然而，苗、瑶、畲诸族至今仍祭天王盘瓠，将祖先神——龙狗用汉语称呼又作何解释呢？此乃一。

苗瑶语言如何称呼盘子和瓠这两种器具呢？如使用的是汉语言，则无疑受了华夏共同语的影响。苗瑶语中如何称呼狗这个动物呢？槃瓠——狗除了它是一个物"狗"以外，是否还有另一名称？据笔者请教一些了解苗瑶语的专家提供的资料看，苗瑶对盘子、瓠、狗等的称呼均与汉语不同，那为何偏偏"槃瓠王"（盘古王）相同呢？此乃二。

退一步讲，槃瓠是苗瑶的音译的话，该神是由槃与瓠两器具合盖而得名的神话就不存在了，继而今日苗瑶所祭之祖先神——龙狗就万万不能称"盘王"了。因为盘王乃是汉语音中的词。查苗瑶神话中的神名有两种，一是苗瑶语的名字，二是汉语音的名字。如此说来，即便槃瓠是音译而来的名字，也是汉语音的读音在苗瑶诸族先祖中成为该语族共同语的原因所致。就是说，该名字初是汉语音，被苗瑶先祖接受后进入苗瑶语族成为共同语，东汉时期又被记入汉文字写成的文献，整整转了一圈。此乃三。

从上述三点看来，槃瓠神话是一则独立发展演化着的神话故事，与盘古神话之间难以找到什么联系。即使语音上的相似也只能说明先有汉语音的槃瓠而后有苗瑶的"盘瓠王"。如果此说成立的话，将盘古认为系槃瓠的演化则属大谬了。须知古代三苗部族语言与华夏语言是存在很大差别的。

那么盘古从何而来呢？

以上讨论基本可以断定盘古与槃瓠没有什么联系，那就只得分而叙之。先说盘古。

"盘古之君，龙头蛇身，嘘为风雨，吹为雷电，开目为昼，闭目为夜。"①

"先儒说盘古泣为江河，气为风，声为雷，目瞳为电。古说盘古氏喜为晴、怒为阴。"②

这是盘古，再看烛龙。

"西北海之外，赤水之北，有章尾山。有神，人面蛇身而赤，直目正乘，其瞑为晦，其视乃明。不食、不寝、不息，风雨是谒。是烛九阴，是谓烛龙。"③

"钟山之神，名曰烛阴。视为昼，瞑为夜，吹为冬，呼为夏，不饮、不食、不息，息为风。身长千里……其为物，人面、蛇身、赤色，居钟山下。"④

盘古与烛龙有二同一不同。二同是形同，均为蛇身；性同，对自然界变化控制的神性相同。一不同是一位系创世神，开天辟地；一位系山神。然山神确有开辟神的资格。考

---

① 《广博物志》卷九引《五运历年纪》。
② 《述异记》卷上。
③ 《山海经·大荒经》。
④ 《山海经·海外北经》。

盘古神话由两部分组成:一是造,开天辟地,始造万物,但造出来的大多是静的、死的;二是用,呼风唤雨,这是动的、活的。烛龙在"用"这一点上,与盘古全同,只是无"造"的功绩,这是神话流传所致,不足为怪,任何一则神话都是在流传中被丰富完善的。烛龙早而盘古晚,盘古承袭烛龙之神性,加之"造",以成创世大神。

盘古的形与伏羲同,据以上专家考定伏羲、盘古声训皆同,实是盘古借了伏羲之声转得其名。就是说,盘古借来了烛龙的神性,借来了烛龙、伏羲的形,又借来了伏羲的声,成为一名声名显赫的造万物大神。它源于华夏神话之昆仑系统中的烛龙神与伏羲神。

至今流传在新疆维吾尔族的创世神话与柯尔克孜神话中,都可找到烛龙神的影子。维吾尔族创世之女天神,柯尔克孜族冥界的黑神鱼,都具备睁眼天亮,闭眼天黑,声音打雷,喘气刮风的神性。就是说,烛龙神话的核心是它的神性,而不是它的神名,数千年一闪即逝,名称变化而神性没变。这是研究盘古神话值得重视的一个旁证。

盘古有了来源,那么槃瓠又源于何处呢?先说一则资料。于新疆西南部,古之羌人活动地,今维吾尔族居住地区中,笔者搜集到两则神话为同一神话的异文。大意如下:

有一国王,只有一独女,异常漂亮。婚嫁年龄已到,女儿不愿见人,独爱家中一犬,于是独处小居内,唯与爱犬相伴。日后女儿怀孕,父王问之,乃犬所为。后女儿生一狗头人身的儿子(一说人形而多毛)。父王恨怒异常,但又爱怜女儿(一说女儿难产死去),只好让女儿与犬婿以及所生之狗头人身的儿子一齐到远方谋生,传播知识,并赐予他们一匹骆驼，一头毛驴。一家人穿越沙漠、戈壁，到遥远的有草有水的地方住下来。又生儿女，兄妹为婚，繁衍成各族，并创造了人类早期的文字等等。

这与上节所引兄妹结婚生一肉球的神话联系起来看，上节所引是南方盛传伏羲、女娲为婚的情节之所本，这里则是犬婿——槃瓠之事。二者的关系加之烛龙系钟山神（即葱岭，今帕米尔高原），似乎能说明盘古、槃瓠两则神话很可能源于西北。

再讲三点旁证。

一是晋郭璞较我们今日比，可谓去古未远。加之郭璞治学认真，广收博采，遍知天下奇闻异趣。他将犬戎国注为高辛王赐之狗封之国，绝不会毫无所本，定有其源。郭璞与《后汉书》撰者范晔同为晋人，范晔记而不注，是由于他是撰写人而不是诠释之人。郭璞注战国初年之《山海经》中与狗有联系的神话时，采用当时来自西北的神话传说应是合情理的。而《玄中记》记狗封之国在会稽东海则为时已晚。[①]

二是崇犬为图腾的部族，古时多闻于西北，是西北诸多部族的总称、代名词，有生产、传播这类神话的社会基础。至今维吾尔族、哈萨克族、蒙古族、柯尔克孜族都有崇狼的神话传说。古时匈奴、乌孙、突厥、高车均崇狼。狗多为狼驯化而成，最早见于狩猎部族。狗、狼始祖为一，而狼早狗晚。西北古代多狩猎部族，是西北多犬戎之说的基本缘由。

三是考最早与犬部族争战并记入文献之人，乃周穆王。

---

① 《太平御览》引《玄中记》。

其曾征西北得四白犬四白鹿以归。那实则系四个崇犬的部族。再是西北犬戎中氐羌之人，商代甲骨文中就多记有西羌之事，称"羌方"。羌人语上古与汉语相近，而与三苗语相去甚远，属华夏共同语中的方言，这是盘古由伏羲音转而来的原因。又查，中国南部各民族中盛传槃瓠神话者古越（百越）的后裔少见，而多见于百濮之后裔与氐羌族群。

如果把神话看作是一个完整的有系统的文化单位，那么盘古和槃瓠便不会是同源异流，而是自为一体的两则完全不同的神话，盘古源于烛龙、伏羲以成创世大神。槃瓠的源头，从上述看来，笔者倾向于是古羌人犬戎神话之遗存。是否确然，还需深入研究方可断言。然而西北与西南、南方少数民族神话有密切的联系这一点，则是不容否认的。

四、天鹅处女型传说的流传

《召树屯》是云南傣族的长诗；《格拉斯青》是搜集于新疆卫拉特蒙古族中的传说；"牛郎织女"是中国四大传说之一。从方位上讲，一个偏西南一隅，一个远在西北边陲，一个在中原地区，恰似一个三角形。三则都不是神话，而是传说（长诗），但源于神话。这里对这三则传说进行比较对照，并简述中国此类传说对古代印度的影响。

（一）

先说傣族的《召树屯》。①

《召树屯》是人们早已熟悉，并为人们所喜爱的傣族优

---

① 本节对《召树屯》的研究所依据的版本，系王松等四同志整理的叙事长诗。云南人民出版社 1979 年版。

秀的民间文学作品，其内容、情节不需多述，只讲一讲它产生的年代。王松先生在《关于〈召树屯〉》一文中讲，作品本身反映了三种情况："第一，从整个内容上看，反映出傣族人民已经由对自然的斗争转化到了阶级斗争；第二，战争频繁；第三，佛教传入，并开始占领阵地。"（加重号为引者注）第三点最为重要，"开始占领阵地"意味着佛教传入不久，在长诗中有所反映。就是说长诗（其主要情节）不是佛教传入后才产生的，其产生形成的时间约在距今一千年前，即傣族处于部落联盟向国家过渡这一阶段。

再讲新疆卫拉特蒙古人的《格拉斯青》（或称《格拉斯青和七仙女》）①。

这则传说虽搜集于新疆卫拉特蒙古人们中，但也广泛传播于内蒙古、蒙古人民共和国、原苏联布里斯特蒙古以及中亚一些地区。从内容、情节角度说，看了《召树屯》，就等于看了《格拉斯青》，二者几乎完全相同。其大意是格拉斯青（汉译即猎人）听取山神老人（一说是修行万年的喇嘛）的指点，来到天山博格达山峰下的天池边，看到王母娘娘的七个女儿带着五百五十个侍女到这里洗澡。七只天鹅落地，脱去羽衣，成为七个美丽的仙女。仙女们飞上天时，格拉斯青扔出套马索套住了七仙女的脖子。二人始得成婚，并恩爱非常。（一说格拉斯青是国王的好朋友，找七仙女是为了献给国王。）后战火蜂起，顽敌侵其西部边境，格拉斯青别妻

---

① 搜集于卫拉特蒙古人中的这个传说，是各地区中最为系统、完整的。由特·那木吉拉、姚宝瑄二人译成汉文。本节所依完本即蒙文《汗腾格里》所选与译者搜集的另一译文。其名称系译者所加，特说明。

出征。有黑喇嘛从中拨弄是非，放火烧七仙女的宫殿。七仙女背负公婆孩子从大火中飞出，忍痛飞回天庭。格拉斯青得胜凯旋，拿着妻子留下的三件宝物，征服了登天途中的三道障碍，来到天庭宫外大树下的一口水井旁。恰逢天宫侍女黄姑娘前来打水，便将妻子的戒指放入桶中。侍女归去，给七仙女倒水冲手，戒指落在她的手中，她冲到宫外，见到丈夫。后得到王母娘娘的帮助，格拉斯青完成了七仙女父亲设下的三道难题，夫妻得以团圆，重回人间，过着美满幸福的生活。

《召树屯》、《格拉斯青》也有不同之处，一是召树屯拿走了七仙女，即孔雀国第七个公主喃诺娜的羽衣后，始得成亲。与牛郎拿走织女服同。而格拉斯青是仙女们重变为天鹅刚飞离地面时，七仙女被套马索套住了脖子。二是格拉斯青登天途中的三道障碍与天帝设下的三道难题与召树屯遇到的不尽相同，但也有大山、神鹰等。三是格拉斯青上天寻妻，与牛郎登天追织女相同。而召树屯去的却是仙境，一个理想中的王国。四是织女、董永之七仙女实系一人之演化，均为天庭织女。而喃诺娜与蒙古族之七仙女虽均在姐妹中行七，却不具备织女织云锦的技能。

上述不同点，乃是由不同民族、不同生活习俗、不同的地理环境所致。农耕民族绝不会产生扔套马索套天鹅的情节。小异然大同，与本节研究讨论的重点关系不大，暂且不论。

这就需要查证《召树屯》、《格拉斯青》二者、二民族有无相互传播的可能。提出这个问题的基点是，笔者认为二者如此惊人相似，绝不是用进化论、平行发展等理论能解释通的，必然是由同源传播所致。这样，传播者、传播路线、受传者、传播源则是需要解决的疑难。因此，首先要考察傣、蒙二族有无可能在某一方面是传播源（即生产者）。

首先，傣族居云南西双版纳，经查记载，其远祖尚未有越出云南或大举北迁的踪迹①。就是说，如果这两则传说同源的话，那么傣族只能是受传者。

其次，新疆卫拉特蒙古是古代蒙古四大部之一。源于新疆北部阿尔泰山一带。其主要部众在元代属西域察合台封国所辖。后有一部分迁至青海，成为今日青海之蒙古族。另一部分的土尔扈特部明代远徙欧洲，在伏尔加河流域生活了近两个世纪，又万里迢迢回归祖国。该传说远播域外，而只有卫拉特蒙古中流传的既完整又系统。可以断定，如果这则传说与《召树屯》同源的话，他们只能是受传者。

再从传播路线上看，远古甘、青、川、藏交界地区，由北向南就是一条民族迁徙的大道。西南氐羌族群先祖的一部分就是沿这条路南下川、黔、滇的。这条路初通于七八千年前，至唐宋元明时仍通达。西南、中南地区的茶叶最初就是由这条路进入西北的，我们暂且称它为"茶叶之路"。茶叶之路在运载茶叶之时，是否也同时由南向北，或由北向南运载了这类传说呢？笔者的回答是否定的：没有，也不可能有。

首先，从前面谈的二民族的历史看，没有这种可能性。其次，如果二者某一方是传播源，那么口耳相传的变异是明显的，不可能出现如此惊人的相似。再次，二族语言分属两

---

① 详见《傣族史》，四川民族出版社1983年版。

个语系，又相距万里之遥，在这条茶叶之路沿途又不见其传播的踪影。最后，二者一是韵文，一是散文。因此可以认为，既不是由傣入蒙，也不是由蒙入傣，必定另有源头。

《格拉斯青》中有喇嘛教的色彩，然而喇嘛教色淡而仙话味浓。蒙古之喇嘛教实即黄教，由西藏传入蒙古，时间是十四、十五世纪左右（传入卫拉特蒙古的时间可能较此略晚）。就作品本身看，它必早于这个时间就已在蒙古人中流传。滇之佛教，除来源于印度外，也受到西藏佛教的一些影响。但佛教传入傣族的时间，又晚于《召树屯》形成的时间。西藏经文中有《帕素吞和娜玛诺拉》，特点是佛经故事是书面文学而不是口头文学，而其情节结构与《召树屯》、《格拉斯青》也不尽相同。因此可以认为这个源头不是西藏。

余下的只有两条路了，一是二者均系印度传入，一是受了中原同类传说的影响，也就是《牛郎织女》早期的影响。

（二）

先讲印度。

本世纪初中叶，域外一些学者就对《格拉斯青》的一些译文进行了研究，并有不少著述，而结论都是一个：此故事源于印度，随佛教传入。这种可能性存在吗？可以说，存在。非但存在，而且可能性还很大。原因如下：

一是中印交通先秦已开拓，有两条路，一是西域道，当然包括今日蒙古族先民的一部分也居住在这一地区。一是川滇——身毒道，包括傣族先祖的聚集地。此故事很可能由这两条路先后传入傣、蒙二族。

二是中国的傣、蒙、汉三个民族，古代都崇信佛教，因

43

此，它有可能随佛教传入。

三是印度于公元一世纪与二世纪之间，曾经流传这样一个故事，情节与傣、蒙二族传说类似，名曰"鸟"。其大意是：西姆哈普尔国王舒坎德举行一次盛大的天祭，国王下令要捕捉一切见到的生物。猎人和渔翁们纷纷将猎物献给国王，却不见鸟类。一个年轻的猎人自告奋勇再去捕鸟。猎人前往喜马拉雅山中找隐士，隐士教给他捕鸟的方法，猎人借助咒语，捉住了鸟王的女儿玛诺拉，并把她带回来见到了国王。祭祀那天，各国国王亲临。其中哈斯金纳普尔国国王的太子树屯也来了。树屯见到了玛诺拉，一见钟情，便向舒坎德国王建议，应以慈善为本。他用禁止伤生的道理说服了国王，使所有鸟兽得以新生。树屯将玛诺拉带回国，二人结成恩爱夫妻。树屯从此沉溺于爱妻温情之中而不理朝政，父王舒坎德大怒，将儿子关进牢房，把玛诺拉赶出城。玛诺拉飞回喜马拉雅山，途中遇到两个猎人，向猎人诉说了自己的不幸，并将自己的去向告诉猎人，还留下一个戒指，让其转交自己的丈夫。树屯出狱后立即追赶玛诺拉，途中遇到那两位猎人，得到戒指，并由猎人带路，来到喜马拉雅山上隐士的住处。隐士叫猴王给树屯指点去鸟国的路。猴王把他们带到克莱拉特山，山顶有一座城市，鸟王就住在那里。树屯等人走进城市，看到一群鸟姑娘，端着盛满水的罐子。树屯问她们取水作何用，姑娘们说：公主玛诺拉已经回到家，准备洗澡，洗去人间的气味。树屯乘其不备把戒指投进一个罐子里。公主洗澡时发现戒指，得知丈夫已经到来，便禀告父亲。鸟王为迎接王子树屯，举行一个盛大的宴会。树屯在鸟国居住了几年后，携妻回到自己的国家①。《泰国文学简史》中记有类似印度的这则故事，从公元八世纪起，这一故事就在蒙古、西藏、东南亚和中国南部广泛流传。

从以上看来，傣、蒙二族这一故事源于印度了。但是还有一些难以解开的谜。

一是傣、蒙二族长诗与传说的内容如此类似，说明同出一种版本，绝不会是口头传入。由东印度、北印度两地先后传入傣、蒙二族，说明在印度这一版本散布甚广。然而如今却不见印度的原版原文，也不见二族的译本译文。

二是蒙古族之黄教源于西藏，不是从印度直接传入的。而西藏的《帕素吞和娜玛诺拉》与蒙古之《格拉斯青与七仙女》又不完全相同。傣族的佛教又与西藏喇嘛教无关。二者故事形成于佛教（黄教）传入本民族之前。

三是公元一二世纪，印度佛教已诞生于东印度六七百年了，为何不见佛教传入傣族而唯独传入该故事呢？《泰国文学简史》以及域外一些学者认为公元八世纪起，印度的故事就在蒙古流传，岂不知蒙古族形成于公元十二世纪初，公元八世纪，"蒙古"这一词还未出现呢！

四是如真的系印度传入的话，那西南、西北古代信奉佛教的民族又何止傣、蒙二族。维吾尔族、白族等为何不见此踪影呢？这很不符合民间文学流传的规律。

五是内蒙古自治区的蒙古人民中，流传着一则与《格拉斯青》相似但不完整的传说。讲猎人用套马索套回天鹅

① ［苏］弗·柯尔涅夫《泰国文学简史》，外国文学出版社 1961 年版。

女，成婚后繁衍子孙，成为后世杜尔伯特部的祖先①。这与蒙古族祖先神话紧紧地联系在一起，应是神话向传说演变的产物。特别需要提及的是其中毫无一丝佛教色彩，足以证明其产生的时间必定早于佛教传入蒙古的时间。

六是印度只有鸟变人，而傣、蒙二族故事中都是第七个女儿，与汉族董永之七仙女、织女相同。中国这类传说产生的时间早于印度，此类故事的形成又如何解释呢？

看来，说二族同类故事源于印度，是初听有理，查之无据。在无有新资料佐证之前，对于域外一些学者的断言，笔者的确不敢苟同。

由于排除了傣、蒙二族相互传播的可能性，又不敢苟同源于印度的结论，就造成了难有进展的局面。若要解决这一问题，是应当采取一些有别于传统研究的方法。

（三）

先假定二者是受印度《鸟》故事的传播而形成。

国内外学术界对印度、中国的古代文化交流的见解，大多认为印度传入中国的多，中国传入印度的少。多，指佛教以及与佛教有关的文化，如壁画、讲唱、石刻艺术等。印度文化传入西域的时间（指汉代西域，今新疆南疆地区）最早不过公元前二世纪，即西汉初年。佛教传入中原的时间，最晚不过东汉，因此印度文化对中国文化影响很大这一点则谁也否认不了，是历史事实。

蒙古之黄教取自西藏，与印度佛教不可等同而论。就是

_____

① 内蒙古自治区社会科学院古文学研究所编《蒙古族文学简史》，内蒙古人民出版社1981年版。

说《格拉斯青》只可能与西藏有关系，而不可能与印度有直接关系。这就需要我们首先解决两个问题：一是印度文化传入西域的时间和该时间内中国同类传说发展的现状。二是中印交通始于何时。

佛教传入西域乃公元前二世纪至前一世纪，此时蒙古还没有形成民族（指现今认为的文明民族）。西域高昌一带只有来自漠北的少量的胡人①。而佛教初入时先进塔克拉玛干沙漠南沿，后逐步北移东渐。此时，中国之华夏神话已渡过了自身的产生发展期、勃兴期、繁荣期、转折期、定型期，于战国末期开始进入自身的消亡期，而转入历史、仙话、迷信、志怪、传说等领域。中国的同类传说如《董永》等已定型为文学。而其源头，已有一千多年的历史了。自地上的织女上天成为织女星，到地上的"汉女型"神女上天与织女结合成为仙女，再飞落人间以求配偶，然后飘飘又入长天的故事结构业已定型广为流传了②。

再看中印交通的初时阶段。据一些学者研究，西南出云南到身毒的路线，早在公元前四世纪就已通达。《汉书·张骞传》云："臣在大夏（按：今伊朗）时，见邛竹杖、蜀布……大夏人曰：'吾贾人往市之身毒国……'"中国之蜀布、邛竹杖当是由这条路进入东印度的。在当时交通不便的情况下，中国物品经东印度入北印度，再进大夏，迢迢万里，非一日之功。说中印西南——身毒道初通于公元前四世纪，是完全可信的。当时印度佛教初成于东部，尚未在国内全面传

① 见翦伯赞《秦汉史》。
② 见拙作《牛郎织女传说源于昆仑神话考》。

47

播，更没有从这条路反向入中国西南的丝毫印迹。这条路运载文化初时是单向传播的。中国文化传入印度是可以肯定的。

中印西域道历来认为由张骞"凿空"，其实不然。在商代末年，中国本土的兵器等已传到中亚①。公元前五世纪，伊朗的市场上已有了中国的丝织品②。公元前五世纪，古希腊史书中记载了东方的赛里斯国，即丝国，就是中国。公元前五世纪，中原的车、刺绣（有凤凰图案）、镜子已传到阿尔泰山北麓，原苏联境内③。公元前五世纪，帕米尔高原上已确然无疑地居住着古代羌人与伊兰人种的居民。自战国末期，中国特有的不死之观念，不死之药、不死之术、炼丹术已传入中亚④。这些比佛教传入西域的时间分别早几百年以至千年以上。从中原到印度、伊朗、希腊，征途漫漫，戈壁、沙漠间隔，人迹罕见，数万里之遥，无有三二百年的沿继，丝绸是不会出现在地中海彼岸的。最重要的一点是，中印交通初始阶段，诞生于东印度的佛教还未问世。即使初成于本土，也远未传播四方。最低限度讲，当时北印度与阿富汗、中亚是没有印度文化的，传入中国就更不可能了。

待佛教传入大夏时，大夏的神话传说融入佛教，为佛教所利用。大夏，乃中西文化交汇的要处。公元前四世纪，亚

① 王治来《中亚史》第一卷，中国社会科学出版社1980年版。
② 同上。
③ ［苏］曾金科：《论中国与阿尔泰部落的古代关系》，《考古学报》1957年第二期。
④ ［英］李约瑟《中国古代金丹术的医药化学牲及其方术的西传》、《中华文史论丛》1919年第3辑。

48

历山大东征，使各方文化荟萃于大夏。继而，公元前二世纪左右，世居中国敦煌、祁连间的我国古代民族大月氏，为匈奴、乌孙所驱，败走大夏。西击大夏而居其地，又继续西侵南下，建立起威震北印度、中亚的强大的贵霜帝国。中国文化首次系统地进入了北印度。截至月氏西迁之时，佛教尚未进入西域。就是说，公元前二世纪以前数百年间，不是印度文化入中国，而是中国文化向西传播，是中国文化入印度。

中国上古文化传入中亚、南亚的时间实则还要早。马来人的血统中，尼泊尔人的祖先里，有着蒙古人种的成分。新疆乃伊兰人种发祥地之一，这一地区古来就杂居着不同种族，不同民族的居民。昆仑山北麓一线，东起若羌、且末，西上帕米尔（葱岭），是氐羌人的居住地。南起帕米尔，北到伊犁，则大多是伊兰人种居住地，帕米尔是两大人种的接融点。伊兰人南下北印度，造成这一地区人种、文化的融汇，而成今日之民族，同样是历史存在。

中国上古对印度文化的影响涉及面很广，神话传说方面首推西王母。在印度北部、大夏、中亚至西亚，的确有西王母神话流传的印迹①。中国神话传说对印度影响最大、最广的倒不是西王母，而是本文讨论的重点鸟衣仙女的故事。

据考，这类传说直接脱胎于神话，其形成前，在中国神话传说中经历了两个阶段：一是神在地上、在人间，是神话繁荣期的现象；二是神由地上、人间升入长天，与人开始有了距离，是神话中"绝地天通"的结果，是神话转折期以后的现象，是奴隶社会开始形成时反映在神话中的文化现

① 见拙作《域外西王母神话新证》，《中国神话》第一辑。

49

实。神上天再下凡到人间，就形成了羽衣仙女型的传说（指女性神中处女神的一部分）。其时间系奴隶社会鼎盛期。"牛郎织女"的雏形，就形成在这个时间内。

中国此类传说是如何传入印度的呢？这个问题似乎玄深难解，却又简单异常。查中国此类传说雏形出现于周初，时间在公元前 1000 年前，与天文学中织女、牵牛二星的命名与传播有直接关系。二星定名于周初，但不具备一个完整的故事。二星传入印度的时间，不会晚到战国。因为中国有二十八宿，印度亦有二十八宿，古埃及、波斯、阿拉伯同样有二十八宿（或二十七宿），国际天文学界关于二十八宿起源问题在长达一个多世纪的激烈争论后，多倾向于波斯、阿拉伯的二十八宿源于印度，又传入欧洲，而印度之二十八宿则源于中国。首先传入印度的恰恰是织女、牵牛二星辰。这就是中国此类传说入印度的前提，这就是结论。有了这个自然科学佐证的结论，我们的任务就只需去考察其传入印度的形态、路线等问题了。下面作以简要的考释。

织女、牵牛之命名与故事雏形诞生的时间，国际上说法很多。首推薛莱格在其《星辰考源》第 494 页中讲的一万六千年前，牵牛、织女于冬至之子夜正相聚于天中，至现代则与阴历七夕始抵子午线上。因此断定中国织女、牵牛故事起源于公元前一万四千年前。这一推断实为荒诞不经，不以为据。日本新城新藏认为二十八宿是周初的产物。印度之二十八宿相当于中国二十八宿起源初时之形态，这个比较客观。我国著名专家竺可桢先生基本同意新城新藏这一看法，但认为二十八宿系统完整的出现只是在公元前四世纪。潘鼐先生认为二十八宿测定时间下限约在公元前六世纪，即春秋末①。1978 年，湖北随县发掘出战国初期曾侯乙墓葬，出土之器物上，有一圈完整的二十八宿星名。从同墓出土之铭文记载来看，绘有二十八宿的礼器是楚惠王熊章制于五十六年送给刚去世的曾侯乙的，即公元前 433 年，曾国即《左传》中的随国②。此实物证明中国之二十八宿定型于战国以前，战国初已相当普遍了。潘鼐先生所言甚确。

二星传入印度后，印度以织女代牛宿，河鼓代女宿。波斯古代之十二宫图中摩羯一宫，不像希腊仅以羊为代表，而兼以一人牵牛代表之。宝瓶一宫，可抵中国之玄枵一星宿，包括织女、虚、范各宿，印度以一女子纺织代表之。由此可知，波斯、印度二十八宿实源于中国。而是印度先织女而后牵牛，中国则牛宿先于女宿，这是因为五千年前，织女赤经固在河鼓之后，说明中国对这二星观察而来的天文知识，远在五千年前即已有之。

中国"古人心目中织女、牵牛的位置于今不同"，而"有兴趣的是，对于中国的女宿或'女'，印度用天鹰座 a 星来代替宝瓶座 ε 星；对于牛宿或'牛'，印度用天琴座 a 星来代替摩羯座 B 星。现在在中国，天琴座 a 星被称为织女，天鹰座 D 星被称为牵牛，十分可能。在古代，中国人像印度人一样，也是用天鹰座 D 星和天琴座 a 星来代替二

---

① 《我国早期的二十八宿观测及时代考》，《中华文史论丛》1979 年第三辑。

② 李学勤《曾国之迹》，《光明日报》1978 年 10 月 4 日。

十八宿中的宝瓶座 ε 星和摩羯座 B 星"①。这就是说中国古代对织女、牵牛二星的位置与今日的看法不同，与印度的相同。印度是中国的初时形态。那么，中国这一认识何时改变就尤为重要了，即：中国二十八宿传入印度的时间绝不会晚于中国人改变其位置之后。

竺可桢先生说："《诗经》中之牵牛乃河鼓，非《史记·天官书》、《淮南子》或《礼记·月令》中之牵牛。以织女与河鼓二星均在天汉之边际，织女在天汉之北，而河鼓在南。"最晚在司马迁时期与《淮南子》成书前，中国对这二星的改变已完成并传播很广了。这些均是西汉初中期之事。可以确定，中国之二十八宿传入印度不在这一时间之后。再者，战国初年，中国之二十八宿已定型并广为传播使用，说明中国织女、牵牛与二十八宿传入印度的时间必定在战国中期之前，春秋中期之后，应在春秋末至战国初中期。此时印度文化还远没入中国国土，佛教也只是刚刚萌芽。

中国二十八宿的分布、起讫、命名、意义，均与中国天气，原始社会的习俗、生活状态相配合。如苍龙、白虎、朱雀、玄武四象之名称，牵牛、织女、毕、箕、斗等名词冠于星座，决非无意，均与古代神话与生活习俗有直接关系。而希腊之二十八宿，与本地气候无有什么关系。"希腊将全部星座抄袭于他族，即巴比伦之加拉底族也"，而"加拉底人之星座知识乃转辗得于中国"②。希腊这则神话实则与中国

---

① 分别见竺可桢《二十八宿起源之时代与起点》、《二十八宿的起源》二文，见《竺可桢文集》，上下引全同。不再单注。

② 薛莱格《星辰考源》第 81 页。转引自《竺可桢文集》第 242 页。

牧夫——牛郎、织女上天有关。《召树屯》《格拉斯青》中均有猎夫故事，也可成为一旁证。另有一点最可说明问题，即希腊这个神话故事流传的时间（公元前 500 年—前 450 年），恰好是希腊史书记载东方赛里斯国（即丝国、中国）丝传入希腊的时间，这决不是巧合。由此可以证明，中国文化传入印度的时间必定要早于这个时间，最晚应是春秋末。

中国向印度传播的路线，是中印西域道。此路的开拓早在商代末期。当然也不否认西南一路通达的可能性也很早。

传播而去的故事的雏形，具备了人、仙结合飞入长天各据一方的情节，然没有王母划河、鹊鸟搭桥等细节。既然织女能上天，自然与飞鸟联系起来。于是，印度在此基础，按着自己民族的习性，进一步丰富完善，产生了《鸟》这个优美的民间故事。

从传播学上讲，反向传播是存在的，有时甚至是惊人的。那么，是否该类型传说经过印度加工改造后又反向传播给中国的傣、蒙二族呢？

（四）

这反向传播而来的可能性是存在的。我们分别对中国神话故事与印度神话故事中的结构进行分析。先看中国神话故事《召树屯》（下文简称《召》）、《格拉斯青》（下文简称《格》）、《牛郎织女》（下文简称《牛》）。在着手进行结构比较前，首先应该知道《召》是长诗，《格》、《牛》是传说。同类型传说故事，人们分得很细，有天鹅处女型、毛衣女型、羽衣仙女型、白鸟衣型、牛郎织女型等，大同小异。在寻查这类传说演化分布的情况时，可以分得较细，然宏观研究时，却不能拘泥于此。任何照搬来的理论都是前进的障碍，只有消化了它，才能成为动力。究其实质，各类型的本质又是一致的，因而对三个故事中的主人公进行结构上的比较，是切实可行的。

先看三者人物的身份：

牛郎：先牧夫，而又种田人。

召树屯：国王或者猎人。

格拉斯青：猎夫或者国王。

猎夫、牧夫身份相似。国王与二族历史文化有关。

织女："天帝之子"，七个姐妹中最小的七仙女。

喃诺娜：理想王国中国王的七个女儿中最小的七仙子。

《格》之七仙女：天帝之七个女儿中最小的仙女。

男女双方身份全部相同或略同，连他们的父母都是相同的。

再从三者结构上看：

"寻妻"，是三者故事发生的前提条件。

男女相遇的转机是第三者指点。牛郎是会讲话的老牛，召树屯是神龙，格拉斯青是白发山神（或修行千年的喇嘛）。

"得妻"是故事结构的第一个环节。

七只鸟（有孔雀、天鹅、鹄等）飞来洗澡的地点是湖边，脱去羽衣而为七个仙女。

男的拿走女的羽衣（格拉斯青没拿羽衣，而用套马索套住对方），被拿走羽衣、被套住的均是七仙女。

婚后双方恩爱非常。

"失妻"是情节发展的高潮，是其结构上的第二个环节。

七仙女重回天界，是造成情节逆转的原因。《召》、《格》因为战争烽烟突起，只得舍妻带队出征。《牛》无有战争，然属王母娘娘大动雷霆之怒，略有小异。这是造成七仙女回天界的前提原因。

七仙女走时男方均不在身边，这一点三者相同。七仙女归回天界实是被迫，不属本意。故《召》、《格》留有宝物，而《牛》则又留给神牛完成了。

"追妻"是情节发展的第三个环节。

召树屯、格拉斯青得知妻子被迫回归天庭，急起追赶。牛郎同样，只是非得胜归来。三者在"寻妻"中都得到了人或神的帮助。登天，第一道难关，召树屯、格拉斯青有宝物，而牛郎则披牛皮踏云追妻。路途上同有障碍，牛郎是一个——天河，召树屯、格拉斯青分别为三个，实则小异而大同。

"见妻"是情节发展的第四个环节。

召树屯、格拉斯青同见一打水的侍女，将妻子留下的纪念物丢入桶中，得以见妻。牛郎却被天河隔在一边，用瓢舀水不迭（取民间异文）。这里出现了不同，造成情节往后发展中牛郎没有为天帝解难题之举。查其原因是由于这则传说的起源是天文学中早已有了结尾的，故而不同。这是"见妻"中第一个层次。

第二个层次是召树屯、格拉斯青接受天帝、国王的考试，而牛郎没有。原因已讲，不再多言。

第三个层次是真正地"见妻"。召树屯、格拉斯青是幸福长久，重回人间。牛郎是一年一度相会，鹊鸟搭桥飞渡天河。这两个细节尤为动人，远远超过前面二者。然其中心环节三者又是相同的。

再从七仙女一方看。七仙女下凡到人间，重飞回天界，再度到人间（牛郎织女相会虽没下到人间，但与人——丈夫已见面），这一上一下，结构、原因、层次，《召》《格》二者完全相同，《牛》则由于天文星座知识的局限而留下一个悲剧的结尾，与前二者团圆结尾大大不同。抽去内容反映的感情色彩，只看其脉络一线发展的前后，三者又是相同的。情节中小异之处有之，但不伤筋骨，实乃三个民族不同文化所致。

再看印度的神话故事《鸟》。

"寻妻"作为条件部分，《鸟》中没有，而是从"天祭"一事中旁生出来的情节——捕住鸟王女儿。

"得妻"这个情节与中国三则故事完全不同，不是在湖边取羽衣（或扔套马索）而后得之，而是一见钟情而得娇妻。

"失妻"情节乃王子不理政事，被下狱所致，与《召》、《格》起于战争不同，却与《牛》另一异文相似，即牛郎、织女相会后不再勤操织机，招惹天帝震怒①。"失妻"，总的是相同的。

"追妻"情节则与中国三则故事相同。

"见妻"情节与《召》《格》往水里丢戒指相同，却无考试。结尾也与《召》《格》相同，是喜剧结局而不是悲剧结局。

综上，从时间上看，中国同类传说早于印度一千多年就

---

① （明）冯应京《月令广义·七月令》引《小说》。

56

已有雏形。从交通上看，中印交通于印度《鸟》出现时已拓达一千多年。从传播上看，中国织女、牵牛故事传入印度已属无疑。从故事本身结构上看，中国的三则极为相近，印度的《鸟》有不同处甚众，特别是第一、第二，即"寻妻""得妻"不同，实是关键。由此可以确定，中国三则同类故事源于一处。印度之《鸟》类故事同样源于中国。受到中国傣族的影响也不无可能。从中国同类传说形成的时间看，傣、蒙古二族的故事情节很可能较现在各自认定的时间要早。蒙古之七仙女与神山、神话连为一体即是一例证。

印度的民间传播，充其量影响了《召树屯》《格拉斯青》一些小的情节。然其主干，却保留了中国此类传说故事的主要特征。所不同的是傣族是用诗，蒙古族、汉族是用散文表现的。

总之，《召树屯》《格拉斯青》不是"舶来品"，而是"国产物"，《牛郎织女》也是任何人都不能冠其以"舶来品"的。

五、从西南到东南——射日神话的变异

伏羲、女娲神话，盘古、槃瓠神话的讨论，实际上已超出西南，将这条线伸向东南，已把西北、南方少数民族神话连缀在一起，这一节我们西起青藏高原的藏族，东到台湾高山族，南达海南岛，再到华夏神话东部系统，查寻一则神话的演变流传。这种跨地区、跨民族的神话研究，必得与上两节选择的神话故事一样，具有大多民族均有流传的特点。本节讨论的重点是射日神话。

射日神话是英雄神话中的重要内容。中国上古各地区的

先民们关于太阳的想象和叙说是美丽并气魄宏伟的。太阳，这光照寰宇的实体，对原始人来讲，是一个不可思议的"怪物"。它能给人以伟大的光和热，是生命延续的依据之一；它能使万物生机勃勃；它升落有致，亘古不变……太阳，赢得人类无限的崇拜和虔诚的恭敬，是由它本身的特点所决定的。但是，它带给人类的并不完全是美的事物，它本身也不全然是美的象征。它也会给人类带来干旱、灾难，成为恶的代表。射日，是由崇日发展而来的，没有崇日就没有射日。射日，是人类认为太阳是光明温暖的客体，但又是一种灾难的产物，代表着人类认识上的进步。因而，围绕太阳产生的神话，以两种姿态出现：一赞，一恨。由赞而恨，由恨转化为赞。射日是由赞美太阳发展来的恨的行为。射日之后，这种恨又转化为赞美它的功德。所以造成了射日神话表现的独特性。

藏族神话《种籽的起源》中，天上出现了九个太阳，地面到处草木枯焦，滴水不见，人类几乎都被烧死了，唯有一个少年奇迹般的活了下来。后来这少年又与天鹅处女型传说和种子神话连在一起。故事中寻找不到九个太阳变冷的原因。据故事中的情节看来，似乎也是被射落的。九个太阳后，又二次造人，这纯属流传的结果。

纳西族的《靴顶力士》中有：面对九个太阳和七个月亮的暴晒，大力士桑吉达布鲁看到满山遍野的树木噼啪燃烧，江河湖海滚滚沸腾，心中气愤异常，便抓住大鹏的翅膀上天找玉皇大帝说理。他摇动天宫的大圆柱子，使天帝不得不满足于他的要求——借神弓神箭射落了八个太阳和六个月亮。这同样是由赞到恨的变化。但这恨，已具有社会属性，即天帝主宰的概念，应是较晚的。而玉皇大帝则更晚了，时间不会早过唐代。

壮族的《侯野射太阳》中讲十二个太阳一齐上天，被侯野射下十一个，余下的一个不敢出来了，于是人们又去请太阳。公鸡担负了这一神圣的职责，召唤太阳出来后，人们又欢呼狂笑起舞。这是一则典型的赞—恨—赞的神话。

与壮族此神话类似的还有流传在云南楚雄一带彝族的《三女找太阳》。说的是太阳被射落六个，余下一个不敢出来了。于是，地上庄稼不熟，牛羊不长，草木不生，鲜花不开。这没有太阳与太阳多带来的灾难同样是不堪忍受的。人们哭诉着，巴望太阳早些出来。找太阳的事情发生了。三个姑娘用自己的生命喊出了人类的心声："太阳啊！你不能离开我们！太阳啊！快快升起来吧！"这是人类已完全认识到太阳是万物之生命不可缺少的东西后才出现的神话，是人们对因果关系有了相当的认识后才可能出现的神话。这赞—恨—求的过程，代表着人类认识史上的三个层次。这是研究射日神话的一个有着深刻含义的规律。

苗族的《公鸡请日月》、纳西族的《东术征战记》讲述了类似内容，着重说明了太阳是生命的需要，光明的源头。

羌族的《射太阳》、珞巴族的《九个太阳》的神话，讲的是天和地结婚，生了九个太阳。天地又系天公地母。待天上的一个太阳兄弟晒死了大地母亲的孩子时，究究底乌大怒，拔出箭来射穿了太阳的眼睛。独龙族的《猎子射太阳》、仡佬族的《喊太阳》、侗族的《救太阳》，是这类神话的后一部分，即由恨到求、赞的一部分。

海南黎族的《大力神》中，大力神不仅是个射日的英雄，还是一个创世神，说明射日神话也传播到海南。

台湾之高山族亦有《射日的故事》、《太阳和月亮》，都讲到了射日的内容，说明射日神话同样流传于台湾。

纵观由西南到东南，包括海南岛和台湾流传的射日神话，可以得出这样几条结论：

第一，这些神话中射日与求日联系得较多，并与造人神话、造物神话、创世神话也有程度不同的联系，有的已具有较浓重的社会属性。这种神话串联缀合的现象，是在传播中造成的。射日与求日的联系，由恨转化为全然赞美的过程，是传播中受传者的附加和创造，可以作为华夏射日神话的补充。第二，这些民族的射日神话大都呈现出一致性，或略有小异。这就确定了它不是上述某个民族的产物，而是共同接受了已较为完整的射日神话的传播后造成的。射日神话作为一个文化单位，其核心变动不大。所有的变化是在其外围软组织内部进行的，因而造成了串联缀合各类神话于一体的现象。

第三，这些民族射日神话呈现出来的不同点，是各个民族作为受传者进行选择和丰富的结果，是不同民族不尽相同的民族意识、审美情感以及对太阳这个客体不同认识的结果。

第四，查所有射日神话的结构，所呈现出来的大体是这样的层次：原来一切安好——太阳多了、人类遭难——某个英雄站出来射日——灾难解除，又有新的灾难，即没有太阳了——求太阳。通过这个结构层次以及不同的变异，可看到传播源传出的射日神话的大体结构没有重要的变动。

射日神话的传播源，是华夏神话体系中的东部系统，或称海洋系统。详载辑录如下：

"汤谷上有扶桑，十日所浴……九日居下枝，一日居上枝。"①

"汤谷上有扶木，一日方至，一日方出，皆载于乌。"②

"日中有三足乌者，阳精……"③

"日出于旸谷，浴于咸池，拂于扶桑，是谓晨明。"④

"昔者，十日并出，万物皆照。"⑤

"逮至尧之时，十日并出，焦禾稼，杀草木，而民无所食。"⑥

"帝俊赐羿彤弓素矰，以扶下国。羿是始去恤下地之百艰。"⑦

"帝降夷羿，革孽夏民。"⑧

"羿善射。"⑨

"羿者，天下之善射者也。"⑩

"羿左臂修而善射。"⑪

……

从上录之羿神话中，可看到如下几点：

---

① 《山海经·海外东经》。
② 《山海经·大荒东经》。
③ 《初学记》卷三十引《春秋元命苞》。
④ 《淮南子·天文训》。
⑤ 《庄子·齐物论》。
⑥ 《淮南子·本经训》。
⑦ 《山海经·海内经》。
⑧ 《楚辞·天问》。
⑨ 《论语·宪问》，
⑩ 《荀子·儒效》。
⑪ 《淮南子·修务训》。

第一，其结构大致是：原先十日按顺序出、归，没有异常→十日并出，给人类带来灾难→羿射十日，中九日，留一日→羿杀各种危害人类的怪物→羿顺黄河西上昆仑山，见西王母求不死之药（这一部分未录）。与少数民族射日神话比较，前半部分相同，而后半部分没有求一日的情节。细查始末，古朴是其特点。

第二，包括射日在内，羿是为人类除害的英雄，没有与其他如动物植物神话、创世神话串联的特点，是其早远古朴的重要标志。

第三，羿神话被仙话侵入，是华夏民族文化史上的一种现象。西南诸族与此不同，是由于西南各民族崇拜的宗教以及文化发展史的不同所致。

可以确定，诸少数民族中的射日神话，是受华夏神话中羿射日神话的影响后形成的。各个民族作为受传者接受这则神话后，其选择性决定了略有小异的现象。

以上是自东方向东南，渐次入西南，再上青藏高原的射日神话的研究。距传播源越远的民族、地区，此神话演变的程度就越大、越鲜明。

羿神话的传播除上述一线外，还有沿黄河西上昆仑山一线，一直影响到西北。

另有羿神话向东北流传，又横跨漠北草原直达今新疆一线，这里简单地阐述一则。

蒙古族《乌恩射太阳》（又名《半拉山的故事》）中讲：发过大水以后，天空突然出现了十二个太阳。乌恩先后射落九个太阳，因而震怒了天帝。天帝派天神架起两座大山，想把乌恩压在大山底下。乌恩毫无惧色，用两只肩膀担起两座山，追赶逃走的太阳。其中两个太阳又被射落下来，剩下的一个太阳经过苦苦哀求才留下了性命……这是羿射日神话与夸父逐日神话的有机融合，又带有《愚公移山》中移山的色彩，成为一则带有浓郁的民族特色的新的神话。

这则神话在新疆卫拉特蒙古人中也有流传。而卫拉特人中还有《赤脚巨人》的神话传说。其中讲赤脚巨人奥吾麦勒根是一个神箭手。中国皇帝居住的京城上空有一只大鹏鸟，遮住了太阳，天下一片黑暗。皇帝派人请来了巨人。巨人张弓搭箭，一箭射落大鹏鸟翅膀上的羽毛。羽毛飘飘落地，把城墙给压塌了。这是射日后鸟羽落地神话的演化。①

由此可见，羿这位神箭英雄射日的神话，自产生地成扇状向东南、西南流传，又沿黄河西上昆仑山，再北入东北，跨漠北草原而入新疆北部，遍及中国大多数民族，是华夏神话中传播最广、影响最大的神话之一。同时，也证明中国各个少数民族的这一类神话完全可以归入"中国神话"这一概念中统一研究考察；更证明中国民族虽多，但神话之间的联系，又呈现出不可否认的共同性和极大的相似性。

六、从西南到东北——卵生神话的踪迹

前面我们讲过伏羲、女娲兄妹为婚生了个肉蛋的神话，实则是卵生神话的变异。经查寻，西南瑶族、仫佬族、土家族、黎族、彝族、白族、哈尼族、傈僳族、纳西族、景颇族、布依族、水族等民族中流传着这一故事。其较为完整的

---

① 张越、姚宝瑄合编《新疆少数民族神话故事》，新疆人民出版社 1989年版。

情节大约可用唐代李冗所记载的概括前半部分。后半部分是兄妹为婚后，生下一个大肉蛋，有砍开的，有被风吹开的，有被鸟衔开的等。肉蛋挂在树上，挂在李树上变成人就姓李；挂在杨树上变成人就姓杨……或者是走向四方，成为各个民族的祖先。

现举一例。云南白族有大理龙母之神话传说，大意是：大理龙母本一贫女，住绿桃村。于山中砍柴时见绿桃，摘而吞之。有娠，生子，弃之山间。后往视之，儿已长大，为巨蛇衔食哺之……这与后稷神话、简狄生契神话、满族阔古伦神话极为相似，即吞桃与阔古伦同，卵生与简狄同，生子弃之与后稷同。这是一个很值得研究的现象。

卵生神话是华夏北方神话中的一类型，西北柯尔克孜族有神人赐给女人一颗鸡蛋，吃而孕之；有从天上掉下一块马胸肉，吃而孕之。最为典型的莫过于简狄吞玄鸟卵生契；姜嫄履大人迹生"达"——肉蛋的神话。肉蛋抛在冰上，有鸟飞来孵之，而后稷破卵而出，呱呱哭叫。这是这类神话最初的源头。姜嫄生后稷是西北系统的神话，简狄吞玄鸟卵是东方系统的神话，但查来查去，简狄有戎氏之女又与西北有着一定的联系。戎，是古代对西北民族的总称。狄，是对北方少数民族的总称。而这则神话将西北、东方连在一起，的确也是事出有因的。如东北民族中类似的神话传说如：

高丽朝金富轼《三国史记》曰："河伯之女名柳花……生一卵，大如五升许。王弃之与犬豕，皆不食；又弃之路口，牛马避之；后弃之野，鸟复翼之。王欲剖之，不能剖，遂还其母。其母以物裹之，置于暖处，有一男儿破壳而出，骨表英奇，年甫七岁，嶷然异常，自作弓矢射之，百发百中。"

高丽朝《李相国文集》亦云："……卵终乃开，得一男，生未经月，言语并实。谓母曰：'君蝇嘬目不能睡，母为我作弓矢。'其母以筚作弓矢与之，自射纺车上蝇，发矢即中。"从以上引文中可看出，这些与周后稷诞生的情节十分相似，无疑是后稷神话的演化，与南方诸少数民族中兄妹为婚生一肉蛋，极为相似。前面笔者所引用的新疆南疆地区的兄妹二人生肉卵的神话完全系同出一脉。而卵生，又与东方简狄吞玄鸟卵生契相似。可见从南到北，从西南到东北，中国神话有着不同民族间的相同或相似之处。

以上引文中与后稷神话不同的一点是：东北民族的卵生祖先是射手，这可能系流传造成的，可能有以下三种情况：一是将后稷诞生与羿射日故事内容连为一体。二是加射手也许与当时的经济生活有关。三是华夏神话中的姜嫄所生卵中的神——稷，出壳后即是射手，或者是破壳而出时就带着弓箭。

为何如此判断呢？有两条根据。首先，至今流传在西北卫拉特蒙古、维吾尔族等民族的神话传说中，都有人生而神异，并挟弓携剑的内容，疑为这类神话之留存。其次，《楚辞·天问》中有："稷维元子，帝何竺之？投之于冰上，鸟何燠（温）之？何冯弓挟矢，殊能将之？"前两问是讲后稷诞生无疑，可作证于《诗经·生民》、《史记·周本纪》等，唯有第三问没头没脑。古来注者多以文王事解注这一句，实则非也。因下句直呼文王之名，曰："伯昌号衰，秉鞭作牧。何令彻彼岐社，命有殷国？"是讲周文王执理国家，发展壮大，终于取代了殷商的统治。以下再连四句三问，均系由文王事引起。可见这"冯弓挟矢"一问讲的是上文后稷之事，而不是下文文王之事。大意应当是为什么后稷生来就能有张弓挟箭的特殊本领而能统其全族。既然他有如此奇能，又系天帝之子，为何又遭遇磨难久长（指被弃之事）？可以这样认为：后稷神话中本来就有"冯弓挟矢"一部分，而后世失传了，保留在受传播后的东北民族之中。

对于原始社会之时的中原四周诸先民的生活状况，见于著录的很少。当然，民俗学调查而来的资料与民族学资料的合体，对神话研究无疑是一则好事，但我们不能不牢记这样一句话，即"他们毕竟不是原始人"。因而在研究华夏神话的时候，必然去伪存真，将现有的口头搜集而来的神话资料进行甄别，然后与古文献记载对照印证方可进行。忽略任何一方面都将影响中国神话研究的正常进行。

依据引文中四方诸族均系产生神话的时代，然记录时间却很晚。与中原民族社会发展阶段平行比较，有的要晚出三五千年不等。这是各少数民族神话至今盛传的主要原因，同时也系融汇传播而来的神话接收外族神话的最佳时机。由于时代不同阶段的错交繁迭，许多文化现象往往出现于同一后进的民族之中，不同历史阶段的沉积物被有机地融汇在同一则神话内，是中国少数民族神话所特有的现象。例如南方许多民族神话中有玉皇大帝的出现，根据其出现时间制定其接受华夏神话——仙话的影响是不言而喻的。澳大利亚、非洲某些落后地区的民族，在先进国家进占这些落后地区以前，他们与外界接触极少，有的干脆没有同外界接触过（如澳洲土人，大约自三万年前迁入该地后，至近代才有英国移民进居，才与外界有了联系），属于自然生长发展的原始民族。而中国则不然，即使今日最为后进的民族，大都可以在中国古籍中找到他们形成发展的踪迹。而时间，又大多数可以追溯到秦汉，甚至春秋战国。就是说，在那个时期，这些后进民族的祖先就同中原先进的民族有过接触，与外界有了交往。这是研究中国神话发展史必须引起高度注意的问题。

这并不是说少数民族没有自己的神话，而是讲研究中应注意的问题。除各少数民族自有的神话之外，这六节中讨论的神话与神话现象都将证明中国神话有着内在的统一性，又有各个民族的个别性。研究其统一性与个别性，都是为了一个目的，就是要把中国神话整理、调查、研究，公布于众，为现代社会文明服务。

华夏神话的归宿

一、神话的归宿

以往我们讨论华夏神话消亡的现象，基本上截至战国末期，极少涉及秦汉以及秦汉之后。自秦汉以后的神话演化、消亡的现象留给后面叙述，这里是从神话仙话化、志怪化、迷信化、传说化着手，以先秦古籍中记载的神话为本进行的。神话的历史化，大致是因夏、商、西周三代重祭祀、敬鬼神造成的，集大成于先秦诸子论争的各自理论之中，又以儒家、道家为最。最后定型于文字是在太史公笔下。

华夏神话有体系，而神话之形成自己的体系是中国历史发展到春秋战国时的必然反映。有人认为中国神话体系不是"神系"，而是"帝系"，其实不甚合理。中国的"帝"与西方宗教中的"天帝"不同。西方"天帝"是一元论，一切源于"上帝"，这是宗教的范畴。而希腊神话之所以成为"神系"，是由于他们的历史现实所决定的。华夏神话定型的时间，虽与希腊略同，但社会形态的发展却早于他们几百年。这是必须认清的一点。"帝"，在夏、商、西周之时与"神"相同，天帝就是天神，是多元论。不能将今日理解的"帝"与古人心目中的"帝"（神）等同看待。《归藏》中记载的黄帝、炎帝就不称"帝"，而称"神"，谓黄神、炎神。也就是说，华夏神话定型之际的"帝系"，实则就是"神系"。

《山海经》、《琐语》、《归藏》等书标志着战国期间神话记载形成了一种浪潮，同时，又将神话推向历史、仙话、迷信、志怪、传说。现举两例，一为后羿，二为伊尹。

先说后羿。

《左传》襄公四年载有这么一段：

"魏绛曰：'……《夏训》有之曰：'有穷后羿。'公（按：晋悼公）曰：'后羿何如?'对曰：'昔有夏之方衰也，后羿自鉏迁于穷石，因夏民以代夏政。恃其射也，不修民事而淫于原兽。弃武罗、伯因、熊髡、龙圉而用寒浞。寒浞，伯明氏之谗子弟也。伯明后寒弃之，夷羿收之，信而使之，以为己相。浞行媚于内，而施赂于外，愚弄其民而虞羿于田，树之诈慝以取其国家，外内咸服。羿犹不悛，将归自田，家众杀而烹之，以食其子。其子不忍食诸，死于穷门。靡奔有鬲氏。浞因羿室，生浇及豷，恃其谗慝诈伪而不德于民。使浇用师，灭斟灌及斟寻氏。处浇于过，处豷于戈。靡自有鬲氏，收二国之烬，以灭浞而立少康。少康灭浇于过，后杼灭豷于戈，有穷由是遂亡，失人故也。'"此段先云"夏训"。"夏训"，《左传》杜预注曰："《夏训》，夏书。"孔颖达《正义》亦谓："《夏书·五子之歌》云：太康尸位……

畋于有洛之表，十旬弗反。有穷后羿因民弗忍，距于河，厥弟五人御其母以从……五子咸怨，述大禹之戒，以作歌，其一曰'皇神有训'，是大禹立言以训后，故传谓此书为《夏训》也。"

羿，是神话中的射日英雄，天神。而后羿，则是后人的演化，将人间一位部族首领称羿而加之官名"后"，但仍然"恃其射也"，并且有了"厥弟五人御其母以从"云云，当是神话的英雄与人间的部族首领合而为一，乃历史化的踪迹。任用寒浞，使自身灭亡，又丢了妻子，是历史化又传说化了的踪迹。看来羿神话的演化消亡走了三条路，一条是进入仙话领域，请药于西王母，其妻嫦娥窃而奔月是终点。一条是进入历史，成为人君，征伐夏朝，但任用寒浞，以至家破人亡，连尸骨、妻儿都保不住。一条是进入民间领域，在民间口头上成为射箭寻家的故事。前两条演化之路实是当时流传的被人收入古籍之中定型的传说。《括地志》则是羿神话在民间传说中变异的情状，致使神话色彩消失殆尽而成为民间故事，于汉时被收集记录。

再说伊尹。

大致诞生于战国中后期的准志怪小说中有《伊尹说》二十七篇①。伊尹，商汤相，他的传说多见于先秦古籍，现辑录一则如下：

"有侁氏女子采桑，得婴儿于空桑之中，献之其君。其君令烰人养之，察其所以然。曰：其母居伊水之上，孕，梦有神告之曰：'臼出水而东走，毋顾。'明日，视臼出水，

---

① 见《汉书·艺文志》。

告其邻，东走十里，而顾其邑尽为水。身因化为空桑。故命之曰伊尹，此伊尹生空桑之故也。"①

　　这则神话传说前半部分是神话，后半部分是传说。神话实则古代树生人神话与洪水神话的融合。树生人，是北方神话中的一种类型，源于漠北，后传入西域的今新疆维吾尔族，有史诗《乌古斯可汗的传说》。传说中乌古斯可汗在湖旁树窟窿中发现一美丽无比的姑娘，便迎回来娶之为妻，生了三个儿子，一个地、一个山、一个海。这实是造物神话，与伊尹出自空桑之中属一个类型。而空桑恰恰是其母的化身，其核心是树神生人，源于原始社会母系氏族期的图腾神话与早期崇拜自然的宗教，又与巫术有一定的关系。证之于北方萨满教中崇拜树的习俗。再有简狄吞玄鸟卵而生契，燕鸣始为北音，实与商人远祖之一部分源于北方有关系。梦中有神告之发水之事，又东走十里后顾化为空桑，这与蒙古族猎人海力布听鸟语得知发大水神话相似，系洪水神话起因的又一说法。只是后世演变传播时改造成为更合理的神话了。伊尹之事实则三种情况，即与巫教、萨满教有关的树神生人的神话；洪水神话作为其条件部分；伊尹这个真实历史人物的传说。综合看来，这是一则起源很早的神话，初时应是树生人或洪水如何泛滥，后世二者融合，于商代、西周盛传一时。春秋时，人们又将历史人物的传说融入其中，记录于文字，形成了今日见到的这则神话传说。因此可以这样认为：这则神话记录成文字的时候，已发生了惊人的融汇和演化，神话已开始与历史人物传说混于一体。

———————

　　① 见《吕氏春秋·本味篇》。

伊尹的传说还见于《楚辞·天问》："成汤东巡，有莘
爰极。何乞彼小臣，而吉妃是得？水滨之木，得此小子。夫
何恶之，媵有莘之归？"有莘即有侁。"水滨"二句言伊尹
产于空桑事。后世伊尹的传说带有了怪诞的色彩。言他的相
貌"黑而短，蓬而髯，丰上兑下，偻身而下声"[1]，可谓丑
陋了，带有明显的怪异色彩，神话在这里消亡殆尽。神话到
传说，再为志怪，是其演化的线索，故而翟灏云："《伊尹
说》乃怪诞猥鄙之小说也。"[2]

黄帝，是中国神话之华夏神话体系中极为重要的神，后
世关于其传说、志怪故事极多。从以黄帝命名的各类书籍中
可探寻到神话消亡的轨迹。如道家的《黄帝说》（即《黄帝
书》）、《黄帝四经》、《黄帝铭》、《黄帝君臣》、《杂黄帝》
等书，阴阳家的《黄帝泰素》，兵家的《黄帝》，另医药书
籍《黄帝内经》等也冠之以黄帝之名。而后世道家请来黄
帝、西王母做了他们的仙人之尊，演化为玉皇大帝、王母娘
娘。黄帝、西王母的神话色彩已很少踪迹可寻，即使有一点
蛛丝马迹，也应依仗着不死之药的功劳，而不死之药，则是
神话消亡而入仙话的标志。可以这样确认，华夏神话体系形
成并记录入文字以后，黄帝这位华夏神话体系中的中央天神
便被仙话窃走，继尔各家蜂拥而上，置神话而不顾，取其名
以装饰自己。黄帝神话名存实亡，完全以一种新的形态出现
在意识领域之中。证之于《史记·五帝本纪》。太史公曰：
"百家言黄帝，其文不雅驯，荐绅先生难言之。"足见其传

---

① 《晏子春秋·内篇谏上》。

② 转引李剑国《唐前志怪小说史》。

说之迂怪。如果我们不是在战国以前的古籍中看到黄帝神话的话，在今日口头流传中想找到黄帝神话的踪迹就极其不易了。

以上是从古籍中查寻神话消亡的踪迹与规律，现我们从口头流传至今的一些传说中试述之。

说一个老牛湾的风物传说。山西西北部与陕西隔河相望的偏关县有一个渡口，称老牛湾。黄河水在这里拐了一个弯而南下直泻龙门。当地至今有这样一则传说：

太古之时，黄河还未形成，更没有河道。河水四处泛滥，人们备受其苦。这时，天帝怜爱下方人民，便驾着一头神牛，扶着一具金犁，从昆仑山下开始耕出一条河道。天帝日夜兼程，来到了山西地界，恰逢夜晚。这里的人们把一切可以点火用的东西全拿出来，点亮了无数火把，站在山顶给天帝照明。可是神牛没见过人间的火，吓了一跳，猛地一挣，犁杖拐了一下，黄河河道就留下了一个大湾。天帝继续赶着神牛走了，河水滔滔南下，这里便被称为老牛湾。

这是一个气魄宏大的治水神话的遗存，它将洪水神话、治水神话串连起来。但其实，它又是一则风物传说。天帝也可能即禹的化身。洪水神话、治水神话、风物传说熔为一炉，远古的神话与传说并存于一体，其本貌已失踪迹，可以说典型的神话风物传说化了。

再说留传于山西省垣曲县同善一带的关于舜的传说故事。这个地区有山有水，物产丰富。镇所在地古时曰瞽冢，又曰象。与此相连的四周村、山、河、川有一系列完整的关于舜的传说。村名有神后、北垛、大石崖、望仙村等。地名有历山、舜王坪、梁王脚、锯齿山、黑龙潭、黑龙崖（望

73

仙崖）、金牛洞等。所搜集的传说不用加工，只前后排列一下即可，简述如下：

舜生在神后村，有父、母、弟。母系后母，欲害舜，让其挖井，并填井致其死。不料舜从一旁出来，所挖之井现仍在村后（笔者还亲自到过传说中的这口井旁）。因舜为君王，因此将其母住的地方叫神后村。

后母又让舜到北垛垛柴（麦子收割后打完场的麦秸），使其弟纵火烧，而舜又逢凶化吉。此村因此名北垛。

与神后、北垛隔河相望的为大石崖村。传说初时，这里因与后山连在一起，水不得出而无水用。舜用斧劈后山，水从山间出。山后之水为后河。山劈开后，人们将家搬到河旁居住，起村名为大石崖。后，东西村因争水械斗，舜往劝之，曰："此地不流水，自上游分为东西。"于是河水自后河入地潜流，自大石崖村下才出之成河。而后河之水分为东西二道。

尧王知舜孝，将二女嫁于他。舜常带牛上历山耕作。舜王坪上是其居地，并有犁沟为证。舜王坪西面数十里有一个坐落在山顶的村庄，因能望见舜王坪而取名望仙村。

舜之二妻各生一胎，一男一女，是两条龙。尧闻舜甚爱其民，派梁王带兵来接他前去继任君王。梁王知舜仁慈，于是把兵马驻扎在山脚下，只身上去拜见舜。梁王驻扎兵马的地方叫梁王脚。

舜欲带妻儿起程时，来了一条黑龙，吸干了望仙河的水。人们无可奈何，只好求助于舜。舜派两个孩子去制杀黑龙。这两个孩子化为两条龙与黑龙在空中恶斗，但年幼力弱难以取胜。舜又派自己的牛前去助战。人们持弓带枪，在地上助战。人们给龙兄妹、神牛吃的东西，给黑龙石头、沙子。黑龙终于败下阵来求饶。

舜用自己开山锯木时用的锯子，将黑龙截为三段，分别压在望仙崖上的三个水潭中，称风潭、雨潭、龙潭。望仙崖上有三个瀑布，系一条望仙水直流而下，景色很是壮观。三个瀑布下有三个水潭。后世人若求雨，或求风，便用石头砸其潭，黑龙忍不住疼痛，就会派一只螃蟹来报告，说马上下雨或刮风。

舜怕黑龙继续作歹，将手中的锯子放在旁边，成了锯齿山（山峰十多个，极像锯齿）。又派神牛驻在崖旁山洞中，监视黑龙，这就是金牛洞。人进去，能听到牛在叫。

舜王走了，人们站在崖上送他。崖就叫望仙崖。舜为人们辛劳了一生，死后又葬回故里。所葬之地名曰古冢……

这是一个完整的风物传说。人物是上古传说中的一位人王，也是神话中的一位天神。难得的是历山等名称见于史载。其所葬之处，以及为人们所做的善事则独成一家。再考垣曲县乐尧乡的名称取自乐尧村，又称七十二乐尧（即七十二个小山村）。言系尧王出生之地，并有丰富的传说。考古资料表明，此地系夏代活动的范围。看来关于尧、舜的传说乃是尧舜神话的必然归宿。观上述之传说，带有仙话气味，与儒家所称道的尧舜贤王关系不大，似不是出自史籍而是演化而成的。它的演化线索是：尧舜的神话传说入仙话，再入广义的传说，而后定型于风物传说。

如果我们说，史载中的有关尧、舜的神话传说于先秦已定型的话，那这里的就是其在民间四千余年来的演变。神话的色彩已完全没有，传说的踪迹尚鲜明。就目前看，风物传

75

说为主，仙话次之，这就是神话的消亡，中间没有文人加工过的痕迹。

从社会发展与人类思维发展两方面来看，神话消亡是由其本身规律所决定的。这种消亡有两种情况：一即没有收入文献使其定型，也没有在民间流传下来，而是真正消亡了。比如华夏神话体系中的洪水神话中之洪水的起因，是天帝的惩罚，还是完全的自然界现象而入神话，就没有言之凿凿的留存。二是神话传说演化而入仙话、志怪、历史、迷信等广义的传说（如风物传说、习俗传说），是其必然的归宿。这一部分的消亡线索均有踪迹可寻。如羿的传说，西王母的神话——仙话化，黄帝的神话传说等。另有女娲伏羲的神话传说，盘古的神话，帝俊的神话等。至于秦西汉之时谶纬迷信和神仙方术的兴盛以及《山海经》的传播和影响，造成了神话消亡的一个新的现象。

二、消亡中的神话

两汉志怪书籍、杂史杂传、宗教著作，大多受到《山海经》的影响。《山海经》郭璞序称"显于汉"，指的就是其流传广泛，影响深广，效法之作层出不穷。刘歆校订《山海经》后，流传更广，只《易林》一书提到西王母的就有二十余处。王充《论衡》征引也有近十处。《淮南子》多取《山海经》材料，其中《地形训》一篇基本托取自《山海经》。如"禹乃使太章步自东极至于西极，二亿三万三千五百里七十五步；使竖亥步自北极至于南极，二亿三万三千五百里七十五步"，与《山海经》原文略有小异。

《河图括地象》、《河图玉版》、《洛书》、《遁甲开山图》

76

等书，也都侈谈鬼神、怪异。究其源头，多出自《山海经》。如《尚书·中候》有"伯禹观于河，有长人鱼身出，曰：'吾河精也。'授禹《河图》，逝入渊"。《河图玉版》记有西王母、湘夫人及龙伯国等。《遁甲开山图》更是"皆记天下名山，古先神圣帝皇发迹处①"，中有巨灵荡开华山出大河，女狄生禹，庆都生尧等。受《山海经》影响最甚的要数《淮南子》、《括地图》、《神异经》、《洞冥记》、《十洲记》等。

《淮南子》。西汉淮南王刘安组织宾客编写，中有不少重要的神话资料：女娲补天，嫦娥奔月，共工怒触不周山，五位天帝五位佐臣的华夏神话体系，羿射十日等，均在华夏神话中占有重要地位。《地形训》全然依据《山海经》的体式编撰，可见受其影响甚重。其中"嫦娥奔月"以及羿之婚姻、求仙药，已显露出神话向仙话的快步跃进。

《括地图》。现存王谟辑本凡三十余条。《括地图》与《山海经》一样，原有图，内容皆为殊方异族之事。从体例到内容，模仿《山海经》之《海经》编就。如将为西王母取食的三青鸟改为三足神乌。还有钟山神烛阴，白民白首披发，君子民带剑使两文虎、薰华草朝生夕死，猩猩人面豕身知人名等。另有些传说远较《山海经》丰富完整，试举几例：

《括地图》载："禹平天下，会群神于会稽之野，诛防风氏。……禹使范氏御之以行。经南方，防风之臣见禹，怒射之。有迅雷，二龙升去。神（按：当作臣）惧，以刃自

① 李剑国《唐前志怪小说史》。

贯其心而死。禹哀之，乃拔刀，疗以不死之草，皆生。是为贯胸国，去会稽万五千里。"

《山海经》记之贯胸国为"其为人，胸有窍"。

再，"奇肱民善为机巧，设百禽，为飞车，从风远扬。汤时，西风吹奇肱车至于豫州，汤破其车，不以示民。十年，四（按：当作东）风到，乃命复作车，遣归。去玉门四万里。"

《山海经》记之奇肱国为"其人一臂三目，有阴有阳，乘文马"。又"大人国，其民孕三十六年而生儿，生儿长大，能乘云，盖龙类。去会稽四万六千里"。

《山海经》记之大人国为"为人大，坐而削船"。

二者详略优劣、丰富演进的线索可谓清晰。然传说味亦日浓。

《神异经》。今本一卷，从内容到结构、笔法，均为有意模仿《山海经》之作。故事记有骊兜、穷奇、饕餮、苗民、西王母、共工、北海大鸟、不孝鸟、凤凰等。情节较《山海经》想象奇特，有创造性，增添了许多新内容，并富有浓郁的生活情趣。下举几例：

"东南隅大荒之中，有朴父焉。夫妇并高千里，腹围自辅。天初立时，使其夫妇导开百川，懒不用意。谪之，并立东南，男露其势，女露其牝。不饮不食，不畏寒暑，唯饮天露。须黄河清，当复使其夫妇导护百川。古者初立，此人开导河，河或深或浅，或隘或塞，故禹更治，使其水不壅。天责其夫妇倚而立之。若黄河清者，则河海绝流，水自清矣。"①

从一夫一妻,"天责"其夫妇受难,"唯饮天露"等看来,这则神话传说产生期不会早过商代。必在一夫一妻制确立,天为百神之长、仙话方术初起之后。但就内容看来,仍有稚朴之美。

"盖扶桑山有玉鸡,玉鸡鸣则金鸡鸣,金鸡鸣则石鸡鸣,石鸡鸣则天下鸡悉鸣,潮水应之矣。"②

扶桑,神话中日居之树,日晨起暮归,是很优美的神话。《括地图》有:"桃都山有大桃树,盘屈三千里,上有金鸡,日照则鸣。"二者相互补充,使扶桑日出神话更为优美亲切,但传说的因素也愈浓。后世鸡鸣日升的神话传说盖源于此。

"西海水上有人,乘白马,朱鬣,白衣玄冠,从十二童子。驰马西海水上,如飞如风,名曰河伯使者。或时上岸,马迹所及,水至其处,所之之国,雨水滂沱;暮则还河。"③

《山海经》与此有联系的神话更为新奇优雅,然仙话味儿已溢于字里行间。

最为典型的是创造了西王母的配偶——东王公。

"东荒山中,有大石室,东王公居焉。长一丈,头发皓白,人形鸟面而虎尾。载一黑熊,左右顾望。恒与一玉女投壶。每投千二百矫。"④

"昆仑之山有铜柱焉,其高入天,所谓天柱也。围三千

---

① 《神异经·东南荒经》。
② 《神异经·东荒经》。
③ 《神异经·西荒经》。
④ 《神异经·东荒经》。

里，周圆如削。下有四屋，方百丈，仙人九府治之。上有大鸟，名曰希有，南向，张左翼覆东王公，右翼覆西王母。背上小处无羽，一万九千里。西王母岁登翼上，会东王公也。故其柱铭曰：'昆仑铜柱，其高入天，圆周如削，肤体美焉。'其鸟铭曰：'有鸟希有，碌赤煌煌，不鸣不食。东覆东王公，西覆西王母。王母欲东，登之自通。阴阳相须，唯会益工。'"①

神话中有西王母，有西必得有东，有"母"必得有"公"，于是连形象都取自西王母的东王公被创造出来了。东王公的原形可能是与西王母饮酒唱和于瑶池之上的周穆王。希有鸟是《庄子·逍遥游》中鲲鹏脱化而来的。铜柱由神话中的天柱——昆仑山等演化而出，又成为后世《西游记》中孙悟空的金箍棒的原形。二者登鸟背无羽处一年一度相会，是牛郎织女传说中鹊桥相会的雏形。七月七日这一天又与西王母会汉武帝有缘。看来织女确与西王母有联系。这已具有传说、小说的特色。而"仙人九府治之"，"玉女投壶"，虽则颇具情致，却已进入仙话领域。

《洞冥记》。又称《汉武洞冥记》等。全书围绕武帝求仙，杂记各种逸闻、神山仙境、仙丹灵药、奇花异术、珍禽怪兽等，与《神异经》、《汉武故事》有明显的联系。其特色是将真实的历史人物如汉武帝、东方朔等，与神、仙纠缠在一起。如"东方朔母田氏寡居，梦太白星临其上，因有娠……生朔"②。再东方朔遇西王母，"朔以元封中游鸿濛之

---

① 《神异经·中荒经》。
② 《太平御览》卷三六〇引《洞冥记》文。

泽，忽遇母采桑于白海之滨，俄而有黄眉翁，指母以语朔曰：'昔为吾妻，托形于太白之精，今汝亦此星之精也……'"① 神话与历史人物联系在一起，首推《穆天子传》，盛于《洞冥记》、《汉武故事》等。这同样是神话消亡入仙话、传说的例证。

《洞冥记》另一显著特点是多记西域之遐方传说。《山海经》中有西胡、西戎、西王母，指的是中原西部的一些部族。汉武帝致力于打通中西交流通道，一时间，商旅不绝于途，使者相望于道，异邦风物传入中国。异域风土人情于中原本就奇妙神秘，经过附会夸张，便形成传说。到了方士神仙家手中，又把神话、迷信、方术、仙术结合起来，使华夏西部昆仑神话受影响最甚，形成华夏神话中一个特殊的系统。

《洞冥记》中还有自《神异经》中演变而来的关于东王公的记述，"昔西王母乘灵光辇以适东王公之舍，税此马，游于芝田，乃食芝田之草。东王公怒，弃马于清津天岸"。西王母与东王公第一次出现了矛盾，感情不和。

《山海经》是巫书，《神异经》作者是儒士，《洞冥记》作者是方士。加之时代不同，致使《山海经》多神话；《神异经》将神话引入志怪、传说；《洞冥记》将神话扯入仙话。

《十洲记》。作者是道人。内容是汉武帝听西王母说八方巨海中有洲，便问东方朔。东方朔铺金错彩，大讲这十洲情况及周围的仙宫、仙官、仙物等等。只取一例佐证神话之

---

① 《太平广记》。

演化：

"昆仑号曰昆崚，在西海之戌地，北海之亥地，去岸十三万里，又有弱水周回绕匝。山东南接积石圃……积石圃南头是王母居。……山高平地三万六千里，上有三角，方广万里，形似偃盆，下狭上广，故名曰昆仑。山三角，其一角正北，干辰之辉，名阆风巅；其一角正西，名曰玄圃堂；其一角正东，名曰昆仑宫。其一角有积金，为天墉城，面方千里。城上安金台五所，玉楼十二所。其北户山、承渊山，又有墉城。金台玉楼，相鲜如流，精之阙光，碧玉之堂，琼华之室，紫翠丹房，锦云烛日，朱霞九光，西王母之所治也……"

神话中的昆仑神山，完全成了神仙之宫。西王母的居处——穴，全然为珠光宝器所装点。西王母与王母并提，是其演化为王母娘娘的先声。昆仑原为黄帝之下都，如今西王母治之，又是王母成为玉皇大帝妻子的源头。神话在这里可以说是荡然无存了。

再有《蜀王本纪》《徐偃王志》《列仙传》《神仙传》等书中也有神话消亡演化的痕迹。现试举几例：

《蜀王本纪》中望帝杜宇的结局是"杜魄化而为鹃"①。这是一位身死化鸟、泣血悲鸣的神话传说中的悲剧人物。人化鸟的神话，肇于《山海经》，系炎帝的小女儿女娃化精卫鸟衔木填海。它在鸟的习性与神、人的性格、结局之间，搭起巧妙的幻想的桥梁，将二者联系起来，是神话的特色。然女娃是神，望帝是人，传说色彩较浓了。

---

① 《史通·杂说下》。

再有李冰治水，实为鲧禹治水神话的演变。五丁力士又与历史传说、风物传说相联，已全然进入传说领域，不再是神话了。

《徐偃王志》云："徐君宫人娠而生卵，以为不祥，弃之水滨。独孤母有犬鹄苍，猎于水（滨），得所弃卵，衔以东归。独孤母以为异，覆暖之，遂蚴成儿。生时正偃，故以为名。徐君宫人闻之，乃更录取。长而仁智，袭君徐国。后鹄苍临死生角而九尾，实黄龙也。王偃又葬之徐界中，今见狗垄（按：当"垄"字之讹）……"① 后徐国为楚国战败，偃王逃到彭城武原县东山下，此山后世名徐山，在今江苏邳县西南。徐国古属东夷，此神话传说系东方部族所创造。东方夷人多有卵生神话，如商祖简狄吞玄鸟卵生契。而西部有姜嫄履大人迹孕而生卵（即"达"，即卵）的神话。另有女修吞鸟卵产子大业以成秦人始祖等。偃王诞生之传说当为华夏神话东、西两个系统融汇后的产物。只是后世已进入风物传说范围了。这是神话进入风物传说的一个具体例证。

《列仙传》二卷，西汉刘向撰，记七十个（有言七十一、七十二的）神或仙的故事。现引一则人与神的爱情故事：

"江妃二女者，不知何所人也。出游于江汉之湄，逢郑交甫。见而悦之，不知其神人也。谓其仆曰：'我欲下，请其佩。'仆曰：'此间之人，皆习于辞，不得，恐罹悔焉。'交甫不听，遂下，与之言曰：'二女劳矣。'二女曰：'客子有劳，妾何劳之有！'交甫曰：'桔是柚也，我盛之以笞，

---

① 《博物志》卷七引。

令附汉水，将流而下，我遵其旁，采其芝而茹之。以知吾为不逊也，愿请子之佩。'二女曰：'桔是柚也，我盛之以筥，令附汉水，将流而下，我遵其旁，采其芝而茹之。'遂手解佩，与交甫。交甫说，受而怀之，中当心。趋去数十步，视佩，空怀无佩；顾二女，忽然不见。《诗》曰：'汉有游女，不可求思。'此之谓也。"

此事先《列仙传》而见于汉初《朝诗外传》，来源较古，故事完整、优美。查二女实则尧帝之二女娥皇、女英。嫁舜为妃，舜崩九嶷，二女自溺湘水，为江神之流变。屈原《九歌》谓湘夫人。《诗·汉广》中汉水之游女与"不可求思"的岸边牧夫，系牛郎织女传说的最初形态。水中游女——神，又系江神，实是上古神话的一个类型。从《诗·汉广》与郑交甫之故事看来，在《诗》完成之时，人神恋爱的故事已经流传很久了。神话中是神与神的恋爱。如舜与娥皇、女英，禹与涂山氏女，羿与伏妃等。人与神的恋爱，就文字记载来看，大约始于《诗·汉广》，完整形成于屈原《离骚》，宋玉《高唐赋》、《神女赋》。人与仙女的恋爱始见汉初《孝子传》中董永与织女之传说；《赤松子传》中炎帝小女追赤松子仙去；《犊子传》中酒家女爱慕仙人犊子，共牵黄犊而去；《园客传》中仙女给园客做妻，同养神蚕，后双双不知所终。再是人与精怪的恋爱，人与狐仙、鬼的恋爱，这全系神话中神与神恋爱故事的演化。至汉代，此类的事已不属于神话而进入传说、仙话范畴了。另《列仙传》中《邗子传》，又开凡人偶然入神秘仙窟的故事的先河，直接影响了《搜神后记》中"袁相根硕"、"桃花源"，《幽明录》中"刘晨阮肇"一类传说。《子英传》、《马师皇》与乘鱼、乘龙升天成仙之传说，又成为后世同类传奇小说的题材。

神话中神与神的恋爱，到人与神的爱情，再到人与仙的爱情，之后又发展为人与精怪的爱情，人与妖、与狐、与鬼的爱情，这是神话伴随着中国历史的前进而演变消亡的线索，其中不无规律可寻，是华夏神话消亡演化的一个典型的支流，可自成一个系统。查这一演变线索的关键环节，是人与神的恋爱。它首现于《诗经》所记之西周、春秋前期的传说，初成于战国后期屈原、宋玉的笔下。汉代开人与仙恋爱之先河，此类传说臻美于魏晋南北朝，自隋唐进入传奇，大兴于宋、元、明、清各代。至蒲松龄之《聊斋志异》仍不减其势。的确需要认真研究，上溯源头，下查细流，寻察华夏神话消亡演变之规律，与此类神话传说对中国文学、文化之贡献。这是后话，此处不究。

三、神的人化与人的神化

以孔子为代表的早期儒家，于春秋时期便开始将上古神话中之大神演化为人王。墨家、道家均有这样的先例。

战国时期，原来用以解释宇宙万物构成的五行学说兴盛起来，阴阳五行家不但用它解释自然现象，也用它来解释一些社会现象。邹衍用五行原理来解释社会历史发展、变化的规律，创立了"五德终始论"，在五行相生、相胜两种运转方式中，选择了相胜。其核心理论、内容较符合战国中后期群雄并争、逐鹿中原的社会实际。它宣扬帝王有任期，新的代替旧的是历史的必然。新帝王要上天任命（河出图、洛出书一类的符，应算是委任状），王朝更迭由上天按五行相

华夏神话简谭

胜的次序支配，循环不休。这种历史观虽以神学相号召，却能发挥非常现实的政治作用，有志于统一华夏的秦国首先重视了它。秦朝建立后，宣布自己为"水德"，"五德终始"首次出现在国家的政治生活中。正因为如此，华夏神话体系的核心与人间帝王的序列有着紧密的联系，并以五行分划东西南北中五方。于是，由邹衍开创的神人相杂的古史系统，即黄帝（土）→禹（木）→汤（金）→文王（火）→秦（水）→汉（土）正式确立了，神话中的主神正式确立为人王，成为人的祖先。神话中的谱系也按人间的世系开始计算了。这种现象，西周时就已出现，集大成者是太史公司马迁，他有条不紊地将神、人一祖先世系连为一体，自太古一直接至汉代，神的人化正式完成了。

但是；秦汉中央集权的大一统局面确立后，就不再需要"五德相胜"学说了，不需要新王代替旧王，只需要保住家天下了。即"五帝官天下，三王家天下，家以传子，官以传贤。"① "相胜"论只适用于奴隶社会向封建社会过渡期间的大动乱局面，因而华夏神话体系就确立在这一过渡时期。《汉书》中记有司马迁、贾谊等观点，"以五德之传，从所不胜，秦在水德，故谓汉据土而克之。刘向父子以为帝出于《震》，故包羲氏始受木德，其后以母传子。"② 后刘歆按照这一理论，以太皇伏羲为始，进一步推定：太昊（木）→炎帝（火）→黄帝（土）→少昊（金）→颛顼（水）→帝喾（木）→唐尧（火）→虞舜（土）→伯禹（金）→成汤

---

① 《汉书》卷七七《盖宽饶传》。
② 《汉书·郊祀志》。

86

（木）→文王（水）→汉（火）（秦算"闰水"，不成一德）。这即是"汉家尧后"①（尧为"火"德）的理论根据。五德之传开始"相生"，即传子，家天下；不再"相胜"，即革命，官天下。②

神话中的神的人化已经完成，主神已全部进入古史系统，这就是华夏神话历史化的发展线索。由孔子、墨子肇其端，司马定其型，刘氏全其尾，对后世的历史研究和神话研究产生了深远的影响。人们不再从古神话中寻找自己氏族的影子，而是将这些神直接当作自己氏族的祖先，即人的祖先。这时的华夏神话虽已有了历史的因素，但由于还保留了古神话的精粹，因此还应当算作神话。

接下来谈谈人的神化。

人的神化分为两个方面：一是神被人化以后，因毕竟是神，便又进行了人为的"神怪"化。其表现是特异风貌、感生、符命等，形成君权神授的合法化。二是历史上真正的现实的人，如孔子、汉高祖、汉武帝、东方朔等，其表现同样是感生、异貌、符命等。仅汉代碑刻铭文中就能清楚地看到这一点。

先说感生。

感生说盛于神话转折期，渊源不可谓不古，许多原始民族都有这种说法。如姜嫄履大人迹生弃，简狄、女修吞玄鸟卵生契、大业等。古代四方诸部族都有此类神话，其共同点是无父而孕。

---

① 《汉书》卷七五《眭两夏侯京翼李传》。
② 顾颉刚《五德终始说下的政治和历史》。

感生之说的由来，是原始人不知道生育子女是男女交合的结果，只是推测他们的女始祖，因某一机会，受了某一种动物或植物或天体的自然现象的感应，便生下子女。所感之物，今大多谓之"图腾"。前面已讲述，此类神话（男始祖的诞生）形成于华夏神话转折期，由于父系制要代替母系制，必须确立一男性始祖，然而只知母不知父，便只能用女性始祖与氏族神——图腾或其他神物相交合来解释了。从奴隶社会到封建社会，这类神话被保留下来。为了适应后世帝王的统治，便假借神话的形式，应用于现实中的人王，并将改造过的神话赋予新的神学意义。

看看关于尧的铭文："庆都与赤龙交而生伊尧。"① "庆都……游观于河滨，感赤龙交，始生尧。"②

尧是上古神话中的天帝，是神。进入古史系统，是人。人又系其母与神物交而所生，使人又带上了神异色彩，是天神人化后又被神化的例证。

现实中的人的神化，如："刘媪尝息大泽之陂，梦与神遇。是时雷电晦冥，太公往视，则见蛟龙于其上。已而有身，遂产高祖。"③

"孔子母颜氏徵在，游大泽之陂，睡梦黑帝使请己。己往，梦交。语曰：'汝乳必于空桑之中。'觉则若感，生丘于空桑。"④

---

① 《帝尧碑》。
② 《汉成阳灵台碑》。
③ 《史记·高祖本纪》。
④ 《春秋纬·演孔图》。《纬书集成》卷四上。

"汉感赤龙，尧之苗胄。"①

神话中的感生，在汉代成了"感生帝、圣贤说"，圣人帝王无不感生。其方式有履大人迹，神龙、云虎、仙人、电光、流星、大虹、白气使所感者"意感"或"气感"。其想象力之丰富多样胜神话一筹。汉时"圣人皆无父，感天而生"的说法，使豪族、官吏可以自称感天而生，天子更称其先祖"皆感太微五帝之精以生"②。"天子皆五帝精宝，各有题序，次运相据起"③。形成了"上帝五帝，在太微之中，迭生子孙，更王天下"的循环局面。非五帝所感，不谓受天命，不能做君王，于是君权神授形成了。神国的体系由于人国的推崇而确立了，人的神化开始形成独有的特色。然而，神的感生，是神话；人的感生，是迷信。

次谈特异风貌。

两汉时期，人化后之天神与现实中的人（圣人、君王），开始被造神运动列为重点对象，个个奇状异貌，成为人与动物的嵌合体。

"仓颉天生德于大圣，四目灵光。"④

尧"龙颜日角，八采三眸"⑤。

"孔子长八尺，海口尼首，方面，月角日准，河目龙颡，斗唇昌颜，均颐辅喉，并齿龙形，龟脊虎掌……"⑥

---

① 《汉成阳灵台碑》。
② 《礼记·大传》郑玄注。
③ 《春秋纬·演孔图》。《纬书集成》卷四上。
④ 《仓颉庙碑》。
⑤ 《帝尧碑》。
⑥ 《春秋纬·演孔图》，《纬书集成》卷四下。

　　这些奇状怪貌，不被视为"怪异"，反认为是"吉相"，滥觞于朝野上下，使东汉皇帝不得不下诏书制止。

　　这些高贵的异貌，源于《山海经》中半人半兽的神，是因神话中的动、植物神（图腾神）向人格神过渡时二者重叠所致。两汉时期，更强化了人化了的天神与神化了的人王、圣贤，将人的神化推向极端。

　　再说符命。

　　符命，即伴符瑞的天命，是谶纬家们由《周易》中"河出图，洛出书"演绎而来的。春秋战国间的所谓"童谣"的预言性文字，可视为符命的初级形式。两汉大盛符命之说，连社会舆论也公认"符命"是帝王受命于天的主要证据。因而王莽篡权、刘秀起兵，均认为是"君权天授"合法化的举动。

　　如《春秋合成图》云："黄帝游玄扈上洛……有凤衔图，以置帝前，图以黄玉为匣。"庆都"出观三河之首，常若有神随之者。有赤龙负图出，……云：'赤受天运，下有图，人衣赤光，面八采。'"①

　　《春秋元命苞》云："唐帝游河渚，赤龙负图以出，图赤色如锦状，赤玉为匣……章曰：天皇上帝，合神制署。"②

　　《春秋运斗枢》云："舜……即位为天子，……黄龙五采负图出，章曰：天皇帝符玺。"③

　　《春秋元命苞》云："凤鸟衔丹书，游于文王之都。"④

---

　　① 《纬书集成》卷四下。
　　② 《纬书集成》卷四上。
　　③ 《纬书集成》卷四。
　　④ 《纬书集成》卷四。

《春秋纬·演孔图》云:"孔子论经,有鸟化为书。孔子奉以告天,赤爵集书上,化为黄玉。刻曰:'孔提命,作应法,为赤制。'"①

由此可以看出"符命"有以下特点:首先,主要以龙、凤、龟、麟"四灵"象征并传达天意。其次,受命帝王按两汉之五德次序排。再次,若要作帝王,必有天帝"委任状",这已经定式化,形成一套完整的神学迷信,对后世影响极大。连《水浒传》中农民起义领袖宋江,也要得"天书"保身了。

上述感生、特异风貌、符命构成汉代(特别是东汉)谶纬神学"君权天授"的核心理论,对东汉以及后世各代影响深远,形成一整套神学迷信的理论。华夏神话已完全走到了自己的末路,儒学思想也因而奠定了统治中国两千年的基础。至东汉末,华夏神话已被志怪、迷信、仙话、宗教、历史、传说所取代,自觉创作的仿神话开始勃兴繁荣。

四、三个西王母

鲁迅先生在论及华夏神话传说时说:"其最为世间所知,常引为故实者,有昆仑山与西王母。"② 现将西王母神话之源起与演变过程作一考述,以佐证神话消亡之规律。

西王母,华夏神话传说中一尊显赫大神。自晚清以来,学术界对西王母多有著述,揭示和触及西王母神话研究中许多重要问题。但是,为梳理华夏神话流传演变的规律,这里

① 《纬书集成》卷四上。
② 鲁迅《中国小说史略》。

还需从头做起。

西王母之"西",乃方位词,指中原以西。王母是女王的意思,并非王的母亲。商代前、中期,没有"王"的观念,只有"帝"的名称。商末,周人开始称王,如周文王。西王母这一名称的出现,不会超过这一上限——商朝末期,此可作定论。

最初有三个西王母,即殷墟卜辞中的"西母";《山海经》中虎齿豹尾梯几戴胜的西王母;《穆天子传》中"我惟帝女"的西王母。

先说殷墟卜辞中的"西母",与"东母"对称,是神不是人。由于商之前中期没有王的观念,因而只称"西母"。这一点佐证了西母产生得很早,不会晚到商代末期。西母即西王母的前身,证之于清代初年的《女仙外史》,仍称西王母为西母,古意犹存。商人位于周人之东,自己(包括东夷)的始祖母便称东母,实指简狄,其生契成商而为后代敬为始祖母。商属东夷,与周属古羌不是一个部系,但与启共建夏朝,属于华夏族成员。因而商人称位居自己西方的周人的始祖母为西母,即姜嫄。

次叙《山海经》中的西王母。这个西王母的出现,必是在商末"王"的观念形成以后。

《山海经》中载有西王母神话的主要有三处。《海经·海内北经》有:"玉山,是西王母所居也。西王母其状如人,豹尾虎齿而善啸,蓬发戴胜,是司天之厉及五残。"又:"西王母梯几而戴胜杖,其南有三青鸟,为西王母取食。"《海经·大荒西经》有:"西海之南,流沙之滨,赤水之后,黑水之前,有大山,名曰昆仑之丘。有神,人面虎身，有文有尾，……有人戴胜，虎齿，有豹尾，穴处，名曰西王母。"可知西王母处于昆仑之丘之玉山，即地理处所；半人半兽，即神形；穴居，即住所；"司天之厉及五残"的凶神、刑神，即神性。青海出土之陶器上，绘有整齐划一的一队舞蹈之人，人人皆著尾，是"豹尾"的来历；原始人有将动物牙齿串起来戴于颈上以为装饰品，是"虎齿"的原貌；"人面虎身"、"三青鸟"可能是氏族图腾；"戴胜"是民俗。将上述种种集记于一处，汇集于一神（一人），是《山海经》记载的特点。

《海经》成于战国中期，乃楚人（或巴蜀人）所作。其成书时间与《穆天子传》成书时间相差无几，很可能同属战国中期的文献。如果说在大致相当（或前后略有差异）的时间里，如此奇形怪状的西王母神，能迅速演化为《穆天子传》中能赋诗交欢、载歌载舞的人王，是不可能的，也不符合神话演变的规律。看来两个西王母指的可能不是同一神（人）。

西王母居中原以西可以确定，而楚、巴蜀位居中原正南与西南。西王母于西北入西南而沿长江传播到长江中下游一带，可认为是西北野蛮时代的某氏族神或部族神。楚是与商人有密切联系的部族（楚之民俗官吏设置与商极为相似），故取商时"西母"之名，添加"王"的观念，名谓西王母。

再说《穆天子传》中之西王母是人王，与历史人物周穆王掺杂于一体，进入传说的范畴。此书由于出自战国末期魏襄王墓，可认为其成书时间最晚应在战国中后期之间。其所记叙之事虽系小说之虚构，但必是以中西交往为其基础。

《穆天子传》所记西王母事甚详："吉日甲子，天子宾于西王母。乃执白圭玄璧，以见西王母。好献锦组百纯，口组三百纯。西王母再拜受之口。乙丑，天子觞西王母于瑶池之上。西王母为天子谣曰：'白云在天，山陵自出。道路悠远，山川间之。将子无死，尚能复来。'天子答之曰：'予归东土，和治诸夏。万民平均，吾顾见汝。比及三年，将复而野。'……（西王母）吟曰：'徂彼西土，爰居其野，虎豹为群，于鹊与处。嘉命不迁，我唯帝女。彼何世民，又将去子。鼓笙鼓簧，中心翔翔。世民之子，唯天子望。'天子遂驱升于弇山，乃纪名迹于弇山之石，而树之槐，曰：'西王母之山。'"

对这段文字的理解，必须以中西交往、穆王西征为本。史载穆王西征，曾获四只狼四只鹿以归，实则是降服、征服了几个以狼（即犬戎）、鹿等为氏族图腾、氏族神的氏族。征西，有征战而降服者，也有闻华夏之盛、文化之灿烂而自愿归降者。从文中展现的内容看，西王母为酋长的这一氏族或部落属于后者，自愿归降穆王。这段记载讲得很清楚，是西王母部归降后，穆王前往相会。归降者载歌载舞欢迎穆王，穆王则带着"白圭玄璧"、锦缎作为奖赏礼物前去收降。《穆天子传》中各国都献天子许多宝物，唯有西王母少见，原因即在这里。王母拜收所赐之物后，与穆王交杯言事。二人的对答，是这场招降赐宝欢迎盛会的尾声了。天子欲走，王母不舍，因倾慕华夏文化，便说出心里埋藏的话语："这里距中原路途遥远，重山峻岭，河流峡谷间隔。天子这一去，不知是否还能再到这西北边陲来。"穆王安慰对方说："等我回到东方的中原，一定很好地治理（已包括你们在内的）华夏。等我所有的臣民都美满幸福以后，我一

94

定再到这西陲来看你。从今天起大约需要三年的时间，便能完成心愿，三年后我会重新来到你的身边。"在穆王即将离去之时，西王母感伤地唱出（实是说出）自己的遭遇、期望与心愿："我们是从东方（可能是甘陕一带）被驱赶到这西北边陲的，从此居住在茫茫的荒野，与虎豹相伍，与鹊鸟相伴为生。倘若华夏天子您不顾虑我们卑贱和不使您为难的话，我们愿作您的臣民，我情愿做您的女儿（"我唯帝女"中，帝，不是天帝，而是商代称人王为"帝"的"帝"。由于西王母是"徂彼西土"的，穆王又系西周初的天子，因而西王母仍沿用商代的称法。周初，商代的"帝"已演化为"王"，初时，"帝"不是指后来的天神、天帝，而是指人间君主）。我们什么时候才能等到您治理好您的人民哪！可现在就要离开您的臣民，您的女儿了，眼前是笙、簧吹奏，翩翩歌舞，而我的心中却无限惆怅。从今后，我们这华夏的臣民，您的女儿，只好在遥远的西陲翘首以望华夏盛世，盼望着天子您的降临。"（以上是笔者的理解，不为定论。）西王母的一段话，是天子树槐、封山的直接原因。西周实行分封制，而树槐封山实则是给予西王母的封地。

穆王西王母之会是西征中的一段佳话，作为历史传说留传于后世。《穆天子传》的作者将中西交通拓达后商贾带来的沿途奇闻与此事结合，书成文字以传后世。查《穆天子传》全书，着重记路线、时间、沿途氏族、物产贡物，唯有这一段记叙详尽，颇具情趣，实是有所依之本，否则这种现象是难以解释的。

这里的西王母是人君，不是神也不是仙，更不是天帝之女，而是倾慕华夏文化，于穆王西征时自动归降的一个部落的首领。自此，西王母之一部已正式融入华夏族，是其中的一员了。所谓西王母，很有可能是穆王赐予的封号。西王母部于此时接受华夏文化、礼节，开始传子，子为王，是穆王称其为"西王母"的原因，这个可能性也是存在的。这件事于战国时期必定传播广泛，庄子记有"西王母得之（按：即道），坐首少广"。① 庄子，战国末期人，较《穆天子传》一书出来时要早，与《山海经》中《海经》书成之时几乎相当，说明当时西王母之传说是很常见的。这极有可能是一个真实故事，只是后世演化为传说而已。即便如此，在《穆天子传》成书时，核心的变动并不大。西王母之名于穆王之时开始出现。

《穆天子传》中之西王母与商人之西母，《山海经》中之西王母不是一回事。然三者又有那么点联系。或许西王母部族的神话传入长江中下游流域时，就将该部落的始祖神、图腾神与西王母连缀在一起，这也是很有可能的。这是后世将西王母称为人，又称为神，再称为国名，并加之地名，又作为西戎之代名词的直接原因。

五、仙人西王母

正因为西母既是国名、地名，又是人名、神名，才造成古籍中西王母能超越漫长的时间和历史空间，出现在不同时期，使其神化、仙化、国名化、地理化。史学家、地理学家、巫师、方士、神仙家、谶纬家、文学家，各取所好，或繁琐考证，或信口夸张，或天上或人间，或神或仙，难成定

---

① 《庄子·大宗师》。

论。这种现象一直延续到 20 世纪初叶，以致成为西方犬戎的别名。① 西王母一名自陕甘青一带逐渐西传，于先秦已达西亚。约公元前 1200 年—700 年期间的中亚卡拉索克文化时期（恰好是中国的商末和西周期间），有大批中国西北部族活动于这一地区。考古发掘证明，当地人体型是中国人。所用之削、戈乃商代兵器，匕首、矛、斧与中国北方同。公元前五世纪，中国丝已见于波斯市场。公元前五世纪，古希腊史学家已明确描绘东方丝国和丝织品。这足以说明中西交通的日趋繁盛畅达。交通、民族的西进，是西王母神话西传的基础。

自战国始，西王母的演化走上了两条不尽相同的路。

其一。殷墟之"西母"，民间一直流传，至清代亦然，但与后世西王母完全混同。《山海经》之西王母，因书以文字，载入文献，其形状至今可为我们所知。这一点演化的程度几乎查不到。只有汉时司马相如《大人赋》略有言及：

"西望昆仑之轧沕荒忽兮，直径驰乎三危。排阊阖而入帝宫兮，载玉女而与之归。登阆风而摇集兮，亢鸟腾而一止。低徊阴山翔以纡曲兮，吾乃今日睹西王母。曤然白首戴胜而穴处兮，亦幸有三足鸟为之使。必长生若此而不死兮，虽济万世不足以喜。"

从上文可以看到这么几点：第一，这是西汉人心目中的西王母，是人，以人性为主。《穆天子传》中西王母还年轻，司马相如时却已"曤然白首"。第二，开始将人王之西王母与《山海经》之刑神西王母连为一体。人，是《穆天

---

① 辰伯（吴晗）《西王母与西戎》，《清华周刊》第 36 卷 6 期。

子传》的内容，是历史传说中的主人公。"穴处"、"三足鸟"（按：实为三青鸟）是《山海经》所记。由此大多研究者认为这西王母开始演化为人王，实则谬也。这只是将二者融为一人（神）的开始。第三，西王母已进入仙话领域，有了浓郁的"仙"味，"长生不死"。只是这里有一点需要特别说明：《穆天子传》战国后失传，至晋方才重见天日，可能司马相如根本就没见到过《穆天子传》这本书，上述言《穆天子传》实指其内容不指其书。司马相如获取西王母的来源不外乎两处，一是《山海经》，二是至汉初仍流传于民间的西王母的历史传说。由传说中的人王到"仙"的演化，主要是在民间形成的。

《穆天子传》中西王母由人而仙的演变，始于司马相如，而完成于晋郭璞。郭璞以《山海经》注《穆天子传》，给《穆天子传》涂上神怪色彩。其《山海经图赞·西王母赞》又将二者融于一处，云："天帝之女，蓬发虎颜。穆王执贽，赋诗交欢。韵外之事，难以具言。"给《穆天子传》之吟诗作答，情真意切的人王安上了"蓬发虎颜"的外貌。后世认为由"怪"到人、仙是一个演化的轨迹，其实不然。就郭璞生活的时期看来，他必定见到过出土的《穆天子传》，因而究其实质，是他继司马相如之后将《山海经》之西王母硬往《穆天子传》之西王母身上牵扯。《山海经》之西王母是神话，《穆天子传》之西王母是人话（历史传说）。他二人将西王母人与神合体，却没有成为传播演化的主流，主流是由人而仙这一线索。因司马氏系汉人，郭璞乃晋人，较战国已远，而西王母于战国中期成书的《穆天子传》中就已是能吟诗歌答的人王了。战国末期庄子笔下的西王母同

98

样是人而不是神。他二人的作为只是给由人而仙的演化增添了一些根据，推动了《山海经》之西王母由豹尾虎齿善啸的凶神向美丽天仙的快速靠拢。屈原《离骚》、《天问》中多讲昆仑山而没有西王母的原因即是没有把二者混为一谈，也可能屈原没有看到过《穆天子传》，否则，难以给下述的演化线索以合理的解答。

其二，由人到神到仙的演变线索。

继穆王与西王母相会的历史传说之后，人们又把西王母的传说推向远古。贾谊《新书》云："尧西见王母"。①《世本》云："舜时，西王母献白环及玦。"今本《纪年》、《尚书大传》等都记有此事。西王母、穆王的传说在战国时期，还没有道家进入的踪迹。

西王母的传说演化第一次显露出道家的端倪应在《庄子·大宗师》，其云："黄帝得之（按：指道），以登云天；颛顼得之，以处玄宫；禺强得之，立乎北极；西王母得之，坐乎少广。"《释文》曰："少广，西极山名也。"犹存《穆天子传》所记"西王母之山"的古意。成书于战国末年的《归藏》中，有羿请不死之药于西王母，嫦娥窃而奔月之事。②西王母于战国末年已成为手操不死之药的西方得道者了。这是西王母仙人化的基础。

战国末期之前，不见西王母与不死之药的关系。《山海经》中不死之药大多出自昆仑神区。不死的观念，源于昆仑神区。《山海经》之《海内经》成书约在战国末期，中有

---

① 《新书·修政语上》。
② 据《淮南子·冥览训》。

"海内昆仑之虚……非仁羿莫能上冈之岩。"① 这说明羿这个
射日英雄的确已于战国末年准备登昆仑山，但目的却无言
及。《天问》回答了这个问题，曰："阻穷西征，岩何越
焉？""安得夫良药，不能固臧？"即羿远征西方，不知昆仑
高峻的山岩是如何登上去的；为何得到了良药，不好好地藏
起来呢？看来羿上昆仑已为定案，目的是取不死之药。但此
事与西王母却不见有联系，是否可以这样认为：西王母掌握
不死之药的时间，早不过战国末期。

　　不死的观念，源于昆仑神区。后羌人之姜姓一支，迁至
东部，建立齐国，不死的观念盛行于齐国。不死观念逐渐丰
富起来，演变为神仙之说，并出现了海外三仙山，使昆仑神
区的大神因地域、时代的变迁而走上仙化的道路。《庄子·
大宗师》中黄帝得道以登天，成为后世神仙系列天国中的
玉皇大帝。西王母得道，坐于西极山上，实即昆仑山，手掌
不死之药，仙化的色彩更浓。之后，西王母会见汉武帝，篡
媒祖之位而为玉皇大帝（黄帝）的妻子——王母娘娘，逐
渐脱去历史传说的衣着而服食道家的甘霖了。

　　西王母执掌不死药还有三个方面的原因。一是不死之各
种仙药都来自昆仑神区，而西王母又系该神区鼎鼎有名的人
王（神），二者很自然地就联系在一起了。二是西王母作为
国名、地理名称，曾超越时空，盛传于华夏大地。自黄帝
始，经尧、舜、禹、夏、商、周而至战国以后，时间不可谓
不长，使那些将她仍理解为《穆天子传》中人王的后代人
感喟其惊人的长寿，留给人们以深刻的印象，于是将其视为

---

① 《海内西经》。

100

不死的象征而与不死之药相联。三是超越时空而存在的西王母被民间供为老寿星、福神。如《易林》中有："稷为尧使，西见王母。拜请百福，赐我善子。引船牵头，虽拘无忧。王母善祷，祸不成灾。"

扬雄《甘泉赋》有："想西王母欣然而上寿兮，屏玉女而却宓妃。"

只有一些"仙"的色彩。

至司马相如《大人赋》西王母仙人的性质被确定下来了。自《庄子》西王母进入道家，战国末期又掌握了不死之药，结合民间信仰，在汉初才被文人学士确定为仙人，并盛传于朝野。人之"西王母"，神（仙）之"西王母"，结合后进入了神仙的行列。此时，《山海经》中西王母虎齿豹尾善啸，梯几而戴胜的形象一点也没有掺杂进来，凶神、刑神的神性也被全然排弃在外。其原因除其形象不佳外，当是书以文献的定型期已成现实，难有更改的可能。而《穆天子传》中那位历史传说中颇具情感，能吟浑朴清雅的歌谣，通达礼节，知晓事务，文质彬彬，颇具王者气象的妇人，除年龄、相貌、气度还可以继续供人演化丰富外，人王的本色已荡然无存，成为一个手握不死药，赐福善祷的福寿之神了。

如果说《山海经》之刑神与《穆天子传》之人王二者的结合，是西王母演化的第一条线索中的关键环节的话，那不再是历史传说中人间的人王而成为福寿之神的仙人，则是第二条演变线索的中枢。此后，作为神仙的西王母，就大施神威于仙国、道教领域里。

西王母虽已成为仙人，但还不是具备百神（仙）之长

101

的身份。西王母得仙灵之长的桂冠，实在是西汉谶纬家和道教徒的功劳。

如《汉书》、《哀帝记》、《天文志》、《五行志》等记载：西王母于太荒之国得《益地图》，慕舜途，远来献之。《洛书》、《大戴礼记·少间篇》亦有类似记载。

《尚书帝命验》有："王母之国在西荒，凡得道授书者皆朝王母于昆仑之阙。"①

《春秋纬》有："帝（按：黄帝）……乃睡，梦西王母遣道人，披玄狐之裘，以符授之……"②

圣人出世，西王母则降符瑞以昭天命，或授予符箓，成为天命的象征和化身，西王母由一般的神晋级为天神。

西王母在仙国的神性、神职（实即仙性、仙职）已演化到定型阶段了。但其居处行止、容貌风韵、年龄言行以及与玉帝夫妻关系仍未定型。除与玉帝之关系这一点外，其余几个问题与汉武帝的传说融在一起，也于两汉确立了。

六、长生美女西王母

西王母的故事由神话转入仙话领域后，演化迹象最为显著者莫过于《汉武故事》、《汉武内传》，加之《洞冥记》、《十洲记》等书的记述，西王母的神仙传说形成了一个新的系统。两汉西王母的传说，多与汉武帝、东方朔等相关联，这是西王母繁盛的原因之一。

《汉武故事》成书时间约在西汉成帝年，作者不可考，

---

① 《尚书帝命验》，见《汉学堂丛书·通纬》。

② 《春秋纬》，见陶廷《说郛》卷五。

其中武帝求仙的故事直接与西王母相关联。下引录一段：

"王母遣使谓帝曰：'七月七日，我当暂来。'帝至日，扫宫内，然九华灯。七月七日，上于承华殿斋，日正中，忽见有青鸟从西方来集殿前。上问东方朔，朔对曰：'西王母暮必降尊像，上宜洒扫以待之。'上乃施帷帐，烧兜未香。香，兜未国所献也。香大如豆，涂宫门，闻数百里。……是夜漏七刻，空中无云，隐如雷声，竟天紫色。有顷，王母至，乘紫车，玉女夹驭，载七胜，履玄琼凤文之舄，青气如云，有二青鸟如乌，夹侍母旁。下车，上迎拜，延母坐，请不死之药。母曰：'太上之药，有中华紫蜜，云山朱蜜，玉液金浆；其次药，有五云之浆，风实云子，玄霜绛雪，上握兰园之金精，下摘圆丘之紫柰。帝滞精不遣，欲心尚多，不死之药，未可致也。'因出桃七枚，母自啖二枚，与帝五枚。帝留核著前。王母问曰：'用此何为？'上曰：'此桃美，欲种之。'母笑曰：'此桃三千年一著子，非下土种植也。'留至五更，谈语世事，而不肯言鬼神，肃然便去。……母既去，上惆怅良久。"

西王母与汉武帝被汉代神仙家看中的原因较复杂。西王母离开昆仑山区来到人间，与武帝的传说合为一处，成为汉代最优美的传说之一，此时西王母已完全没有神话与历史传说的气味。手中不死之药已演变为仙桃，并三千年一著子。桃为不死之药，《山海经》中即有，而这里"三千年一著子"又成为后世上界蟠桃园的雏形。

值得一叙的是西王母会汉武帝选定了七月七日，这是一个很有意义的日子，是汉代人、仙相会的日子。《神异经》中有西王母登大鸟希有之背一年一会东王公，而这里又七月七日会汉武帝，二者在民间的合流，便成为后世牛郎织女七月七日鹊桥相会的源头。由此可知这一情节的完善必在西汉之际。

《汉武故事》中有了西王母的行居言谈，却没有容貌风韵。而这些在《汉武内传》中得到进一步体现。

《汉武内传》又称《汉武帝内传》、《汉武帝传》。后世辑录卷数不一，《道藏》本较完备，题《汉武帝内传》一卷，《外传》一卷。作者不得考。此书主要部分是写王母会武帝之事，引述一段：

"……王母乃命诸侍女王子登弹八琅之璈，又命侍女董双成吹云和之笙，石公子击昆庭之钟，许飞琼鼓震灵之簧，婉凌华拊五灵之石，范成君击洞庭之磬，段安香作九天之钧。于是众声澈朗，灵音骇空。又命安法婴歌《玄灵》之曲。"

这里又出现了众多人物，董仲君、上元夫人、众侍女都是《汉武故事》中没有的。除内容上更加丰富外，还加入了文学描写，将汉赋体排偶夸张用于文中，词丰藻蔚，追求文辞之美。全书布满仙人、仙药、仙书、仙术之虚妄之说，对于西王母仙话的演化起到了关键性的作用，西王母的故事至此已定型（除与玉帝之关系这一点外）。

至两汉结束，华夏神话的演变消亡大体上已完成。从神话中脱胎而来的各种新的文学形式日臻完善，志怪小说、神仙传说、风物、历史传说、宗教迷信等都开始呈现自身的特色，形成各自的系统。至于上述各种文学形式中的神话因素、神话色彩在后世各代的进一步演变，以及对流传在民间的神话传说的收集整理，待日后有机会再一一论及。

华夏神话与中国思想史

一、从神话到哲学

　　原始人由梦的启示导致的灵魂观念，标志着人类认识已从思考客体事物进化到认识自身的构造和精神的关系这一领域。这是对肉体和精神之间关系问题的思考，用今天的话讲，是对意识和存在的关系问题的思考。这是哲学中最基本问题的最早最原始的表现。原始人有了自己的形神观，即世界观的最初的观念。"万物有灵"观念的形成，使人类对自然界万物有了谬误于今日而神圣于当初的答案。人类认识的视野第一次无限度地扩大，神话得到了空前的发展繁荣，并孕育着后世一切五花八门的科学思想和艺术门类。人类知识不断丰富，在达到能基本上客观地回答初时提出的一个个"为什么"时，初时的自然观必然被改变或摈弃，因而神话也必然消亡。这些理性认识的最终结晶就是哲学的开端。

　　神话与原始宗教的联系是相当紧密的。古时"神"与

"申"为一字。"神"由"申"演化而来。金文中《克鼎》有："显孝于申",即神。中国人对神的称呼,实源于对十二支中的"申"与对早时神化了的礼器的敬畏,因而中国神话多与祭祀有关。祭祀对象的"帝",多是祖先神,而"神"多是自然界百神。在汉文中,所表示崇拜或祭祀的字,都从"示",《说文》云:"示,从二("二"古文即"上"的意思)。三垂,日月星也","示神事也"。可知中国最早祭祀的产生,与神话中关于日月星辰的神话有关。并由此可推论出,早期神话与宗教为统一体,后产生的关于日月星辰的最初的祭祀是源于神话(无有仪式形成前的原始宗教)。祭祀的对象由此而逐渐扩展到山、川、农、商等。现举几例:

"肆类于上帝,禋于六宗,望于山川,遍于群神。"①

"山林川谷丘陵,能出云,为风雨,见怪物,皆曰神。有天下者祭百神,……此五代之所不变也。"②

另祭社、稷神,实际指土神和谷神:

"共工氏有子曰句龙,为后土,后土为社;烈山氏之子曰柱,为稷。"③

社稷之神又为氏族的英雄或祖先,并以某种相宜之树为神的象征:

"哀公问社于宰我。宰我对曰:'夏后氏以松,殷人以柏,周人以栗。'"④

---

① 《尚书·尧典》。
② 《礼记·祭法》。
③ 《左传·昭公二十九年》。
④ 《论语·八佾》。

再对各种灾害出现时的祭祀：

"山川之神，则水、旱、疠疫之灾，于是乎禜之；日月星辰之神，则雪、霜、风、雨之不时，于是乎禜之。"①

从这个角度看，华夏神话的原貌中，各种各样的神话都有，各种类型齐全。这是原始人对整个自然界所包括的任何事物在内的探索、思考的成果，人类的认识全面铺开，全面前进。

氏族社会发展到一定的阶段，人们开始探寻本氏族的起源，部族的起源。这个思想产生的起点，是首先探索自身的来源，这就把图腾和氏族酋长——始祖母连在一起。继而认为本氏族、部族起源一种图腾时，综合图腾出现了，而又与天体神话开始联接。《说文》云："南方蛮闽从虫，北方狄从犬，东方貉从豸，西方羌从羊。"这是一种总的称谓，四周诸部族众多，可见追寻本部族起源的神话在四周诸部族中也形成了。这从人类认识史的角度看，有两个方面：一，表现了思维的幼稚性，还没能认清人的至高无上的地位，把低于人的动物图腾当作智慧能力高于人的祖先神来崇拜。二，同时又表现思维的巨大进步，认识到自身有来源，氏族，部族也有来源。类，这种抽象思维活动的结果已出现。所认为的是某一类动物，而不是指某一个动物。

人的认识范围在不断地扩展着，视野已跳出本氏族、部族后，就开始探寻所有氏族的总来源，探索这些氏族、部族中的人的总来源。于是又出现了一种错误的答案，即造人神话。女娲造人；彝族支系阿细人的泥造人；傣族的土与水气

---

① 《左传·昭公元年》。

孕育人类祖先；纳西族的蛋出人类等等。这些都产生在这一思维阶段上。神话已经有了若干连贯着的情节流传于后世了。

这个时期是神话思维的中级阶段，即神话的勃兴期与饱和期。

父系氏族确立后，人类的认识又有了新的突破。广度上，已将认识的领域扩展到整个世界；深度上，已意识到了社会与自然的不同。父系氏族代替母系氏族，是发生在人间影响到神国的一场残酷的不流血的斗争。这个斗争的结果是形成了规模较大的部落和部落联盟。远距离的迁徙，战争的频繁，生产和交换范围的扩大，开阔了人们的眼界，人们开始思索他们所见到的整个宇宙（当然与今天我们所见到有所不同）起源的问题。创世神话出现了。开天辟地的神话形态以大胆的想象，宏伟的气魄给出了这一问题的答案。最早的宇宙发生论和社会历史观念就形成在这一时期，并强有力地给后世以深远的影响，然而其思维特点却没有摆脱具体的形象性。一旦在这个认识领域中摆脱了具体的形象性，哲学就代替了神话，而这气壮山河的创世神话就同时具有了宗教、迷信的色彩。因为后世乃至今天，人类认识的范围仍在这宇宙之内，所不同的是科学的答案取代了神话的错误的答案。正确的答案出现之际，错误的答案只能进入宗教和迷信。但就神话本身来讲，它仍然存在，流传。只能代表那个错误的，被人们摈弃了的答案，成为一种艺术供人欣赏，却不再可能去统治人的大脑和认识了。类似的神话，广泛流行在苗、黎、瑶、白、壮、布依、彝、纳西、景颇、佤、哈尼、侗、蒙古、维吾尔、哈萨克等少数民族中间。这说明人类认识史的发展是相同的；也标志神话走向了自己的末路，神话思维开始由抽象逻辑思维所取代。

这种神话形态的原始的宇宙生成观，对后世的天文学、哲学都产生了一定的影响。天文学上，后来的浑天说直接源于它。先秦我国的几个哲学学派都受到了它的启示。例如《老子》的"道"及对"道"的阐述，就是力图用各种方式形容天地生成前宇宙的所谓浑沌状态。儒家则据以形成"太一"或"太极"的概念。《易·系辞》说："是故易有太极，是生两仪，两仪生四象，四象生八卦。"《礼记·礼运》说："是故礼必本于太一，分而为天地，转而为阴阳，变而为四时。"这说明以下几点：一，至先秦哲学中，已脱去了神话的具体的形象性，道家换上了借喻的形象以力求说明自己的观点。儒家、阴阳家则摆脱了神话的形式，以新的形式、角度来解释宇宙的生成。二，礼本于太一，分为天地，转为阴阳，变为四时。阐述"礼"源于神话、宗教。对后世儒家特别是孔子影响颇大。三，这些宇宙生发说已经具有一定的理论形态，有的已唯心主义化了，有的带上了朴素的唯物主义色彩。四，神话中才能超群、贡献巨大的神或英雄人物，是后世唯心史观的雏形，也奠定了唯心史观的基础，从而使创世神英雄神进入历史，神话开始被历史化。

开天辟地神话、英雄神话已走到了神话世界的边缘，这些神话传说与原始宗教观念，就是人类童年时期的不成熟的哲学，是文明时代哲学的胚胎。它的认识过程同样是由低级到高级，由偏到全的。然而这只是发生在神话思维阶段的过程，显示着思维的幼稚性，即人们总想通过具体形象去把握自然，征服自然，把握社会和人生的规律。而规律是不能直接被感知的，它要靠理性来发现，来总结。随着生产和科学的进步，人们逐渐学会将获得的知识加以整理概括，得出规律性的认识，从而逐渐用抽象逻辑思维取代具体形象（或表象）思维，即神话思维。抽象思维总结了具体的不自觉形象思维的成果，发展完善了自身，而后摈弃了幼稚的思维，再将形象思维提高到自觉的阶段，使其产生出灿烂辉煌的文学艺术的繁花硕果。具体的不自觉的形象思维占据主导地位，是神话思维阶段的标志，产生的结果是神话、原始宗教；抽象逻辑思维占据主导地位，推动自觉的形象思维向更高的阶段发展，是哲学思维阶段的特征，产生的结果是文学艺术（指自觉的创作而不是不自觉的创造）。前者向后者过渡，后者代替前者，是人间社会的变更和自然科学发展到一定程度的必然结果。

父系氏族取代母系氏族后，体内就已孕育着奴隶制的胚胎，出现了反映一定社会关系的神话，具有新的世界观意义的传说。比如共工与颛顼争帝①，刑天舞干戚②，鲧被杀于羽山③。而禹治洪水，既表现了人与自然之间的征服被征服关系的交替，又反映了人们从实践中已整理出改造自然的规律。再是原始社会没有上帝神的观念，奴隶社会形成，地上王国的出现，就出现了百神之长，叫做"天"。天，《说文》云："天从一大"，"大"字甲骨文金文皆似人形。人之上为天，即太空。原是自然崇拜对象之一，后被赋予神性，至高

① 《淮南子·天文训》。
② 《山海经·海外西经》。
③ 《史记·夏本纪》。

无上，成为天神，是宇宙最高的主宰者、支配者，带上了社会的属性。君王自称自己是天神在人间的代表，有统治人间的权力，君权天授的观点出现了。这是神话演化的一个阶段。由于奴隶主压迫的残暴，人们开始怨天、骂天、恨天，从而否定天。这是人们对神以及神话的摈弃的开始，这又是一个阶段。西周时统治者认为天已不能再统治人民，又提一个"敬德保民"的思想。天神又带有了道德属性。人，成为比天神重要的力量，这便是第三个阶段。究其实质，仍然是思维与存在这一哲学最基本问题的体现。围绕这一点，如何治理国家，如何度过人生，产生了中国先秦的哲学学派。这是中国思想史初期发展的粗略线索。

从神话到宗教中的一元神的出现，以及对这个天神的崇拜，在本质上已不同于氏族社会的神话。它不再是全体社会成员自发的共同的意识，而只是少数思想家加工过的一种宇宙观，是为统治者服务的。在民间，神话还在流传丰富，但其社会基础的改变，自然会影响到神话形态的改变。在夏商两代，特别是商代，人们对天神的敬事和祭祀，是虔诚的，充满着蒙昧和无奈。神话形态的改变虽则晚于社会基础的变更，但作为一种意识形态，必然会被新的意识形态所取代。西周的天命神学就是对殷人宗教一元神的一种改良、维新。所以说，神话的消亡是缓慢的，哲学的诞生同样是一个相当长的阶段。

从认识的过程讲，天神观念的出现，是思维对许多神的属性加以综合的结果。这个过程，恩格斯称为"蒸馏过程"①，从众多的神中提炼出统一的神性，是人类探索世界统一性的一种尝试，对唯物主义宇宙观的产生有诱发作用。但对唯心主义宇宙观来讲，却是源头。

再看自然科学方面。天文历法知识，起源比农业还要早。到原始社会末期，华夏族的天文历法肯定已出现了。传说中夏代有夏历，而庖牺氏时"仰则观象于天，俯则观法于地"，以及大桡作甲子，黔如作房首，容成作历，羲和作占日，常仪作占月，后益作占岁等各种传说②，不会是纯属虚构的。物候学知识方面，原始社会末期已可以利用自然力，依据天象物候的变化，安排生产和生活。动植物学源于原始人的采集，狩猎，原始社会末期，人类饲养的家畜已与现代相似。从发明农业，耕种轮换着的土地，将毒药用于狩猎，以及神农尝百草的传说，说明动、植物学已开始萌芽。物理、化学方面类同，钻木取火，是利用物质摩擦生热的物理现象，说明当时已有了一定的认识并加以初步的运用。从工具中投枪、飞石索、弓箭、鱼镖等看来，原始人已掌握了一定的力学的实际知识。"弓、弦、箭已经是很复杂的工具，发明这些工具需要有长期积累的经验和较发达的智力，因而也需要同时熟悉其他许多发明"。③ 弓箭是将人的臂力转移到弓和弦上，借助其弹力发射箭矢，击中目标。这是对弹力的实际认识和最早的运用。出现较复杂的纺织工具，纺轮与制陶发明的时间大致相当。纺轮是对拉力知识的运用。

---

① 《马克思恩格斯选集》，人民出版社1972年版，第四卷第220页。

② 《易·系辞》，《世本》，《吕览》。

③ ［德］恩格斯《家庭、私有制和国家的起源》，人民出版社1972年版，第18页。

从飞石索到陶车的出现，再到仰韶文化中的尖底瓶（汲水工具）和房屋建筑方面的成就，表现了当时对离心力的认识运用。对机械学的原理认识，对重心原理的处置，建筑学的原理，都有了一定的认识。人们在实践中很早就知道利用重心和定倾中心相对位置跟浮体稳定性的关系了。化学知识起源于人类衣着的熟皮技术，在烧制陶器中得到了发展和运用。原始社会末期，人们已掌握了用氧化焰、还原焰和渗炭法等不同的化学方法，烧红陶、灰陶和黑陶了。酿酒方法的出现，同样是化学知识的运用。石灰用于建筑，冶铜术的出现，标志着原始化学达到了一定的水平。

数学，是从数、形概念出现时开始的，彩陶上的图案，已有了一定的数、形的概念，并有了几何学的知识而运用到实际生活中。建筑技术已使房屋具备了后世的几种形式。医药卫生知识已可以预防和治疗，就科目讲，已有妇产科、外科、内科等分类。可以说，原始社会末期，自然科学的知识以及实际运用，已为后世奠定了一定的基础。

夏代，夏祭 29 年，已可以"凿山穿陵以通于河"①。注意气象观测，掌握农时，农业生产有了很大的改进。手工业技术有了很大的提高，特别是青铜的冶炼技术达到了惊人的高度，商代晚期能够铸造八百多公斤重的司母戊大方鼎。商代已开始用铁。能够织出平纹素织和挑织出菱形图案的丝织物。殷墟甲骨文已经有了三千五百个单字。天文知识很丰富，卜辞中有不少日月食的纪录，已经发现测定春分和夏至的"火"、"鸟"二星以及其他恒星和新星。气象方面有风、

————————

① 《竹书纪年》。

霾、云、雨、虹的记载。夏代已有历书《夏时》。商使用阴阳合历，根据月亮的圆缺，定大月三十天，小月二十九天。根据太阳的回归年定平年十二个月，闰年十三个月，还建立了六十甲子，循环干支纪日法。夏代有了世界上最早的关于地震的流星雨的记载。数学上，商代已采用了马克思称之为最妙的发明之一的十进位法，最多数字已达三万。商代的算术运算和图形绘制都有很高的水平。医药、音乐、建筑等方面，也有很多成就。总之，科学知识随着生产发展的需要在宗教神学的夹缝中产生和发展起来了。这些标志着人们抽象逻辑思维水平达到新的高度的科学知识，使神话中关于这些领域中的想象遭到强有力的冲击，逐渐失去了其神圣性。内容消失殆尽，只留下了神的外壳，归入到一元神的行列。即使还有对这个偶像的崇拜，也为宗教、迷信的色彩浸染去大部。

由于人间社会的变革和科学知识的发展，朴素的唯物主义思想和唯心主义的宇宙观开始萌发。初时，它们只能从也只有从神话和宗教中汲取源泉，"科学思维的萌芽同宗教、神话之类的幻想"具有"一种联系"。①

神话之为哲学所取代是历史发展的必然。神话向哲学过渡的中心环节则是很重要的。

恩格斯说："至于那些更高的悬浮在空中的思想领域，即宗教、哲学等等，那么它们都有它们的被历史时期所发现和接受的史前内容，即目前我们不免要称之为谬论的内容。这些关于自然界，关于人本身的本质，关于灵魂、魔力等等

①　［苏］列宁《哲学笔记》。

的形形色色的虚假观念，大都只有否定性的经济基础；史前时期的低级经济发展有关于自然界的虚假观念作为自己的补充，但是有时也作为条件，甚至作为原因。虽然经济上的需要曾经是，而且愈来愈是对自然界的认识进展的主要动力，但是，要给这一切原始谬论寻找经济上的原因，那就的确太迂腐了。科学史就是把这种谬论逐渐消除或是更换为新的，但终归是比较不荒诞的谬论的历史。"① 这段话有三点要点：一，恩格斯明确提出哲学有它的"史前内容"。二，"虚假观念"、"原始谬论"就是指神话传说中的初级的哲理观念，而后世哲学的源头就萌发在这些神话传说中。三，科学和哲学（包括唯物主义与辩证法的世界观和方法论）就是从这些"原始谬论"中脱胎出来的，而且科学与哲学有自己的发展过程，并不是一下子就摆脱了神话传说的束缚，而是在一定的发展阶段上同迷信、宗教有着难以截然分开的联系。世界各国科学、哲学的发展道路大致都走过这样一个过程，中国也不例外。

上古神话和传说，具有两种性格：一方面，由于它是"低级经济发展"条件下产生的关于自然界的"虚假观念"，是当时那种"不切实际的意识形态的领域"中的一部分，因而与宗教唯心主义有着不可分割的联系；另一方面，神话和传说又是人们不愿屈服于自然，而"用想象和借助想象以征服自然力，支配自然力，把自然力加以形象化"的产物，因而神和英雄人物表现出敢于面对严酷的现实，并与之进行勇敢顽强斗争的事实，又体现了唯物主义倾向和辩证法

---

① 《马克思恩格斯选集》人民出版社 1972 年版，第四卷第 484—485 页。

的思想因素。神话传说，实在是各种思想学派的最初的源头。

华夏神话传说中包含的朴素的辩证法因素有以下三点：

第一，关于矛盾斗争的思想因素与对立的观念。同自然的斗争中，有开天辟地的盘古①，炼石补天的女娲②，遍尝百草的神农③，教民稼穑的后稷④，驯养牛羊的王亥，⑤射日除害的羿⑥，治理洪水的鲧、禹⑦，移山不止的愚公⑧，填海不息的精卫⑨。在反抗"天帝"的斗争中，有共工、刑天等⑩。在神话和早期的传说中，利与害、吉与凶的对立观念有较多的体现，有吉神、凶神等；羿射杀恶禽猛兽；大禹逐共工⑪，禹杀相柳⑫，禹杀防风氏⑬，禹擒无支祁⑭等。

第二，关于矛盾转化的思想因素。如夸父逐日，道渴而死，"弃其杖，化为邓林"⑮；又如"鲧违帝命，殛之于羽

----

① 《三五历纪》。
② 《淮南子·说林训》。
③ 《述异记》。
④ 《史记·周本纪》。
⑤ 《世本》。
⑥ 《淮南子·本经训》。
⑦ 《山海经·海内经》。
⑧ 《列子·汤问篇》。
⑨ 《山海经·北次三经》。
⑩ 《淮南子·天文训》，《山海经·海外西经》。
⑪ 《荀子·成相篇》。
⑫ 《山海经·海外北经》。
⑬ 《国语·鲁语下》。
⑭ 《太平广记·李汤》。
⑮ 《山海经·海外北经》。

山，化为黄熊，以入于羽渊"①；女娃溺海而死，化为精卫鸟衔木填海；能化万物者的女娲，其肠化为十个神②；盘古"垂生化死"以成日月天体，四极五岳，江河湖泊。③

第三，关于全面地看问题的思想因素。《尸子》和马王堆出土的《十大经·立命》篇中都载有黄帝作四面一心的"自为像"神话，以及黄帝命力黑"浸行伏匿，周流四国，以观无恒，善之法则"。这些都体现了朴素地认识事物的全面性的思想。

但是，神话传说并不是哲学与辩证法。正如毛泽东同志所说的："神话中的许多变化，例如《山海经》中所说的'夸父追日'，《淮南子》中所说的'羿射九日'，……这种神话中所说的矛盾的互相变化，乃是无数复杂的现实矛盾的互相变化对于人们所引起的一种幼稚的、想象的、主观幻想的变化，并不是具体的矛盾所表现出来的具体的变化。……但神话并不是根据具体的矛盾之一定的条件而构成的，所以它们并不是现实之科学的反映。"④

以往的讨论中，我们已得出原始五行思想源于治水实践斗争和治水神话，而神话的定型又取决于五行思想的发展。实则原始五行思想非但有以前所讲的功能，而且也是神话过渡到哲学的中心环节。

原始五行思想，是人类生活中所不可缺少的五种物质材料做基础的朴素唯物主义最初的萌芽。首先，它揭示了水、

---

① 《国语·晋语》。
② 《山海经·大荒西经》。
③ 《五运历年纪》。《绎史》卷一引。
④ 毛泽东《矛盾论》。

火、木、金、土五行的差异性与相互的对立关系。性质上有润有燥，方位上有上有下，形体上有曲有直，气味上有咸、苦、酸、辛、甘等。差别是矛盾的萌芽，能揭示差别就标志着认识矛盾的开始。

其次，水的性质是"润下"，是说水往下浸润；火的性质是"炎上"，是说火往上燃烧；木可以曲直；金可以改变形状；土是种植所用，可以收获五谷。这是从事物的外部联系进而到内容联系，开始对事物的某种规律性的认识。治水神话中从鲧的"堙"到禹的"导"即说明一个曲折的认识过程，又说明认识自然界征服自然界的规律已开始被人们清醒地意识到了。

再次，原始五行说中一个突出特点是"用"，就是实践。人们在认识了这五行的规律性以后，再用到实践中。水"润下"，就"高高下下，疏川导带"地治水①，火"炎上"，就"烈山泽而焚之，禽兽逃匿"②；金"从革"，就"以铜为兵"③；土"稼穑"，就"树艺五谷，五谷熟而民人育"④。而五种物质元素之间还存在着一定的客观关系。如女娲"积芦灰以止淫水"⑤到禹改"堵"为"导"的成功，是对水、土、木等各种物质性能关系的综合认识和综合利用。

从中国哲学认识发展圆圈扩开来，原始五行思想是神话

① 《国语·周语》。
② 《孟子·滕文公上》。
③ 《越绝书·记宝剑》。
④ 《孟子·滕文公上》。
⑤ 《淮南子·览冥训》。

思想圆圈与抽象逻辑圆圈的相交替时的产物。它承上启下，是从征服自然的幻想升华为解释自然的科学的重要过渡环节。虽然它在理论上尚未提出也未回答世界起源的问题，还带有"科学思维的萌芽同宗教、神话之类的幻想的一种联系"，虽然还基本上属宗教神学的附庸，但是，它已不同于崇拜自然的宗教迷信，而是从征服自然的神话幻想发展到认识自然的哲学的开端（哲学的形成要到西周时期了），从而对中国哲学思想的形成、发展产生了深远的历史影响。

神话由此进入哲学的范畴。而哲学，则是神话的仇敌。神话思维也开始被抽象逻辑思维所取代，神话也开始揭开了定型演化的序幕，开始步入自己的末路。

二、哲学，神话的仇敌

哲学思维和神话思维的目的是一致的，都是要认识自然、解释自然，进而征服自然。神话和哲学，是人类思维发展史上两个不同阶段的产物。同是人类认识史的精华，却有着本质的区别。总的来说，神话思维是具体形象（表象）思维；哲学思维是抽象逻辑思维。抽象逻辑思维是人类认识史上的高级范畴，它脱胎于神话思维，但它只有摈弃了神话思维，才能得到发展、完善。这是人类从不自觉的幻想到自觉的认识的必然规律。世界各国思想史、哲学史开端的时间，都必须到了奴隶社会的兴盛期。所以说，神话为哲学所取代，起于奴隶社会兴起，终于封建社会的勃兴，这是一个漫长的渐变的过程。

从中国哲学产生的思想源渊来说，春秋战国时期每一个重要的哲学流派都以天命神学作为自己所依据的思想前提，受到它强烈的影响。儒家继承，墨家改造，道家批判。而天命神学与神话、宗教的联系显而易见。马克思曾指出："哲学最初在意识的宗教形式中形成，从而一方面它消灭宗教本身，另一方面从它的积极内容说来，它自己还只在这个理想化的、化为思想的宗教领域内活动。"① 对中国来讲，同样可以说神话孕育了哲学，哲学却要消灭神话本身。在哲学形成的过程中，初时只在神话和原始宗教这个理想化了的，但同时已化为思想的领域中活动。（这里所讲的"思想"，并不是神话思维阶段的幻想，而是抽象逻辑思维的产物。）

西周天命神学对哲学的影响有二：一，西周的天神既保留了百神之长的身份，又是宗法奴隶制的政治和道德的立法者。自然属性、神话色彩、社会属性纠缠在一起，分辨不清，使哲学的内容同样具有这一特点。二，这就造成了中国哲学对这种天命神学无论是继承，还是批判，都是围绕着宗法奴隶制的不同态度展开的。这样，按照人间的世系编排发展的神国谱系，便反映在哲学中间。

比如说"天"这个概念，在西周天命神学中有三种不同意义：一是指有意志的人格神、百神之长，二是指自然的天，三是指义理之天。人格神、百神之长源于神话、宗教。天命神学是由神话、宗教（自然崇拜的原始宗教）发展而来，先天性地带有神话的基因。神话、宗教中的"天"，本身就具有自然之天与有意志的人格神的双重意义。然周时的自然之天，又具有自然科学发展中的天的本意。而后从神话、原始宗教之"天"这个百神之长、人格神的基础上，

---

① 《马克思恩格斯全集》，人民出版社1974年版，第26卷第26页。

因统治阶级的需要，派生出义理之天。这三重意义，混合在一起，是天命神学的一个总体性、纲领性的范畴。哲学各学科依据它建立自己的体系，却不能用神话中的具体形象思维去工作，而必须用抽象逻辑思维去开拓。这就是天由一个神话、原始宗教的范畴开始转变为一个哲学的范畴。这是一个艰难而迂缓的历史过程。正如黑格尔所讲的，"从一个范畴，通过缺点的指出，推进到另一个范畴，这在我们是很容易的——但是在历史的历程中，这却是很困难的。世界精神从一个范畴到另一个范畴，常常需要好几百年。"①这个过程是神话定型的过程，哲学产生的过程，也是神话消亡的开端。在这个过程中，哲学与神话、宗教在顽强地斗争着，即抽象思维在逐步地取代着具体形象思维——神话思维。中国哲学只有打倒天国后，完全剔除天的人格的含义，才能从神话的桎梏中解放出来。哲学完全形成之日，就是神话彻底消亡之时。这个任务，儒家创始人孔子当然是不可能完成的，因为他的政治态度是复周礼。墨家也不可能完成，因为他们是改良维新派。孔墨显学，实质上是介于哲学、神话宗教二者之间的思想体系。他们的思想统治了中国，神圣观念就泛滥于中国，神话也就必然由神怪鬼精的故事所取代。而道家创始人老子第一次把"道"凌驾于"天"之上，算是有了一些分晓。儒家的后继者荀子接受了道家的思想，提出"天行有常"的命题，恢复了自然界之天的本来面目。神话盛行的最后一点市场，也被剔除了。

① ［德］黑格尔《哲学史讲演录》，商务印书馆 1978 年版，第一卷第101 页。

汉代董仲舒恢复了天的三重含义，建立起新的神学体系，重又泛滥起神话的后裔——志怪迷信。这使两汉的神怪故事异常繁盛。究其原因，当与孔子有关。这就是中国哲学促使华夏神话消亡的过程。至于从原始五行中剔除神灵的观念，对天道、天神的讨论，神人关系的改变过程，大都在这个时间内发生完成。深入研究各个部分细微变化的始末，是哲学家的事。我们只需认清一点：哲学源于神话，同时又是神话消亡的思想基础。

我们可以从《周易》中详细看到这个变化过程。

《周易》，是中国最早的卦书。分《易经》、《易传》，即经部和传部。《易经》成书时间较早，故以《易经》为本进行讨论。卦，源于占卜，是早期迷信的产物。商、西周有巫官执掌。巫术，是保留并传播神话的一种途径和方法，古代许多神话就是依靠巫术得以保存的。《山海经》就是一部巫书。那么卦书，应与之有相似之处。从神话发展史的角度研究《山海经》，从神话定型消亡的角度看《易经》的内容，可以说是很有意义的。

关于《易经》成书的年代，学术界无一致的看法，认为成于西周初、西周末、春秋战国者皆有之。据笔者看，它成书最晚不过西周末，大致应当是西周初、中期的产物。

《易经》中已有辩证法的因素和哲学的萌芽。同时也保留了一些神话与历史传说。由于本节要旨，对神话传说不一一例举，只就其中的卦、爻辞的分类简述一二。

第一类：记事之辞。是用具体事物说明具体结论的表达方式，不揭示任何规律性。不适合用于抽象的思维方式，与神话思维相当，属于记载故事，用以指出吉凶一类。如

122

《旅·上九》爻辞："鸟焚其巢，旅人先笑后号咷，丧牛有易，凶。"这是用殷人先祖王亥丧牛于有易国的故事，指明是凶卦。

第二类：取象之辞。即采用一种事物以为人事的象征，以指示吉凶。将所要表达的范畴或抽象原则寓于对具体事物的表述中。如《乾·初九》爻辞："潜龙，勿用。"《乾·九二》爻辞："见（现）龙在田，利见大人。"是通过龙的"潜"与"现"这两种活动形态来表现"潜"与"现"这一互相对立而又联系的范畴。就抽象思维而言，较记事之辞要高，有了萌芽状态的哲学思想。与记事之辞分别代表着古代抽象思维发展的两个阶段。

第三类，说事之辞。是直说人的行事以指示吉凶的。如《师·初六》爻辞："师出以律，否臧凶。"说用兵必须有纪律，否则其师虽壮亦凶，结果却可能不佳。较之取象之辞的抽象思维水平又略高一筹。把人们的行动作为吉凶的原因，有了因果关系的萌芽，也包含了力求探索客观规律性的倾向。

这三种思维方法，表示了神话定型期人们认识发展的三个层次，即由具体的思维到规律性的思维。这个时期人们对神话的态度可以从龙的观念上看出来。龙，是华夏族的大团结图腾，初时必然具有至高无上的神性。直到封建王朝，龙的威信依然存在，"真龙天子"即是明证。而《乾》卦中的爻辞则用神话中的"龙"的不同处境来表达事物的发展过程和规律。现举例简析之：

第一爻"初九：潜龙勿用。"是说龙处在潜伏阶段，没有什么作为，表示事物处在隐微的萌发状态。

第二爻"九二：见（现）龙在田，利见大人。"是说龙已经显露头角，表示事物正在发展，所以被认为是吉利的象征。

第三爻"九三：君子终日乾乾，夕惕若，厉无咎。"是说事物处于大发展的前期，只要人们兢兢业业，谨慎小心，虽有困难，也可度过。

第四爻"九四：或跃在渊，无咎。"是说龙为腾云飞升准备好了条件，表示事物面临着大发展，所以说"无咎"。

第五爻"九五：飞龙在天，利见大人。"是说龙腾云驾雾，飞升到了天上，表示事物发展到了顶点，是吉利的象征。

第六爻"上九：亢龙有悔。"是说龙由天上跌入池泽泥淖之中，为逆境所困，表示事物在大发展中遇到了大挫折，进入衰落阶段。

上引是对事物发生、发展和衰亡的过程及其规律的揭示，表达的方式是象征和感性的，但是具有很强的概括性和典型性，在中国哲学史上有深远的影响。并涉及矛盾的转化，龙由潜到现，是形态的转化；由飞到亢，是形势的转化。

由此看来，与神话为伍的原始的迷信，并不完全是落后的内容，其中不乏积极的因素。而后世人为的迷信，全然为愚昧、落后的成分所占据，二者之间本质上是不同的。关键在于神圣的龙，被借喻来作为揭示事物发展规律的对象，已有"不恭"。再到子产论述人无求于龙，龙也无求于人，人便不应去祭龙的时候，作为华夏族神圣的龙图腾，地位一落千丈，失去了神话的特点，与日常事物，自然界万物一样为人们认识并随心所用了。

再者对天与地的看法。《明夷·上六》爻辞："不明，晦，初登于天，后入于地。"这里晦，即黑夜，由黄昏日落进入黑夜。太阳从东方升起以至空中，即"初登于天"，"后入于地"，即夕阳西下，也即明入地中。这里的天，指自然界的天；地，是自然界的本貌。人们对日崇拜、祭祀的内容在这里消失殆尽。日神话、地神话、神灵都无影无踪了。天、地对立，形成概念，人们认识了自然，抽象思维能力进一步提高①。在这样的情况下，龙神话，日神话，地神话不消亡还能待到何日呢？

综上所述，哲学的日趋成熟，便促使神话日趋消亡。神话、宗教孕育了哲学，而哲学却在不断地消灭自身的母体。神话逐渐定型、消亡的思想基础是哲学思维的增长。哲学，是神话之大敌。这是人类认识史上抽象思维必然代替神话思维的不可抗拒的规律。神话在哲学的威逼下，只得停止生产，转化向新的文学艺术领域。这就是神话的"消亡"，即不生产了，为别的文学形式取代了。

三、孔子的神话志怪观

孔子，是中国思想史上一个重要的人物。他的思想学说，统治了中国整个封建社会。前面已讲明，儒家思想统治了中国，神怪、迷信思想就流布于中国。因而，有必要对孔子作以简要的探究。

---

① 方克《中国辩证法思想史》，人民出版社 1985 年版。

（一）

要了解孔子的神话、志怪观，首先要了解孔子的政治观。复周礼，是孔子的思想核心。孔子思想的源头，是西周的天命神学。天命神学的核心有两点：一，西周的天神观念，一方面保留了其自然界百神之长的身份，另一方面又是宗法奴隶制的政治和道德的立法者，自然属性和社会属性纠缠在一起分辨不清。二，这就造成了中国各思想学派，都是围绕着对宗法奴隶制的不同态度而展开的。这种情形就规定了中国思想史、哲学史是以政治道德问题为主要内容。[①] 这是历史给予孔子的局限，他的思想学说也必然以政治道德问题为主体。

哲学最初是在宗教意识中形成的，它一方面消灭宗教本身，一方面还在这个理想化的宗教领域中活动。马克思所指的宗教，可以理解为原始宗教和神话的混合体。对于西周天命神学，墨家改造它，道家批判它，唯独儒家继承了它，就是最好的说明。

首先分析孔子崇尚的"礼"。

《说文》云："礼，履也，所以事神致福也。""礼"出于周人之口。周人将殷人一元神的思想，维新改良为二元神宗教的思想，祖先神与天帝是其核心。周人的宗庙祀天帝，其社会属性与自然属性并存，而社会的属性又逐渐高于自然的属性。这非但保留了完整的祖先神话，天神神话，还将二者有机地融为一体，造成了华夏神话中祖先神总是与天神联

---

① 任继愈主编《中国哲学发展史》，人民出版社1985年版，第112、113页。

而为一的独特现象。从而走向了西周时期独特的政治宗教化与神话的历史化。于是，在思想意识上产生了源于神话、宗教、宗法政治的所谓的"礼"，其事神可以致福的原因即在此。

"礼"，又是一种特别的政权形式。即所谓"礼不下庶人"，"礼所以别贵贱"，"礼者别贵贱序尊卑者也"。这一种制度，藏在尊爵彝器的神物之中。宗庙社稷的重器代替了古代法律，形成了统治者实行专政的制度的标志。礼器名称的总概念叫做尊、彝、鼎、爵，礼器之文为铭文，所包含的是宗教、政治、道德三位一体的思想。而后从尊、爵等礼器的神性中脱化出礼制。"神"、"礼"是从十二支中"申""酉"演化而来的。"申"字脱化为神①，"酉"字脱化为礼。古礼字从"酉"，《诗·丰年》中有"为酒为醴，丞畀祖妣，以洽百礼，降福孔皆"可为证。所以说，礼的出现和尊爵的固定化或阶级专政的法制化是相适应的。②

由于这一发展线索的局限，倍赏极崇周礼的孔子——儒家，必然使其思想学说中带有神话、原始宗教——天命神学的色彩。因而也较为系统地保留了华夏神话中的祖先神话与天帝神话，这些神话传说多见于儒家著述之中就是很好的证明。

上述的结论是：孔子——儒家由于极为崇尚周礼，其学说源于西周天命神学。在上述的发展线索截至孔子时，他必

---

① 《克鼎》中有："显孝于申"。申为神。

② 参见侯外庐《中国思想通史》，人民出版社1957年版，第一卷，第78—79页。

然要信鬼敬神、保留祖先神话与天帝神话。从而证明儒家保留的这部分神话，除染有后世的时代色彩外（即历史化的印迹），基本上是可信的上古神话资料。

（二）

如前所述，孔子与前期儒家是保存、记录、传播祖先神话与天神神话的功勋卓著者。但是，春秋末期的思想界毕竟已不同于西周。以探讨世界起源、人生前途、社会发展为核心内容的各种思想学说、哲学派别的崛起，民本思想的勃兴与社会现实的存在，使孔子的思想与西周天命神学、周礼不可等同而论，已略有不同了。这主要体现在其政治、伦理等观念上，而他的鬼神观念，也是一个极好的例证。

孔子是以全盘的诗、书、礼、乐为其观念的依据，因而他自然有一定的鬼神观念。而这鬼神观念的源起，就是神话观念。"孔子曰：'扶桑者，日所出也'。"[①] 就是一例。扶桑与日所出的神话是华夏神话东部系统中的佼佼者，散见于各种书籍。主要有《山海经·海外东经》中"汤谷上有扶桑，十日所浴……九日居下枝，一日居上枝。"《大荒东经》云："汤谷上有扶木，一日方至，一日方出，皆载于乌。"再有，"日中有三足乌者，阳精……"[②] "日中有踆乌"。[③]"（日）出自汤谷"。[④]"日出于旸谷，浴于咸池，拂于扶桑，

---

① 《太平御览》卷八四引《春秋元命苞》。
② 《初学记》卷三十引《春秋元命苞》。
③ 《淮南子·精神训》。
④ 《楚辞·天问》。

是谓晨明。"① "……榑木之地，日出九津……"② "上有扶木，柱三百里，其叶如芥。"③ 这些均系上古关于太阳的神话。扶桑、扶木、榑木实为一也。说明这些神话孔子非但熟悉，而且相信。

再有，"仲尼曰：'丘闻之，昔禹致群神于会稽之山，防风氏后至，禹杀而戮之。'"④ 这同样说明了孔子对古代神话是非常熟悉的。孔子崇尚尧舜为理想的古代王国中的天子，而舜继尧位时，曾"肆类于上帝，禋于六宗，望于山川，遍于群神。"⑤ 先祭天神，再祭寒、暑、日、月、星、水等六宗，实际是六神，后祭名山大川丘陵坟树江河湖海等群神。这一套祭祀宗教，以及关于这些神的神话，对于"祭神如神在"的孔子来说，势必是异常熟知的。这些构成了孔子复杂的神话观。既相信，而又与宗教难以分离，与西周天命神学、礼完全混为一谈。这就造成了孔子将祖先神话引入传说之途、将天神转化为人王的思想认识条件，从而开启了神话历史化的先声。可以说，孔子的神话观是既相信保留了神话，而又人、神不分，自觉地将神话引入历史范畴与传说领域。

当然，神话于孔子之时，已开始进入华夏神话定型的最后阶段，并开始转向历史、志怪、迷信、仙话、宗教等领域而走上消亡（不产生）之路。鬼神观念直接脱胎于神话、

① 《淮南子·天文训》。
② 《吕氏春秋·求人篇》。
③ 《山海经·大荒东经》。
④ 《国语·鲁语》。
⑤ 《尚书·舜典》。

129

原始宗教。要进一步了解孔子的鬼神观念，必得了解他的"天"的观念，即"天道观"。

孔子以继周自命，也就继承了西周以来的天命鬼神观念，将天命视为冥冥中的最高主宰。孔子言天之处颇多，现辑录几则如下：

"获罪于天，无所祷也。"（《论语·八佾》）（下引不再注明《论语》，只注篇名。）

"天下之无道也久矣，天将以夫子为木铎。"（《八佾》）

"天生德于予。"（《述而》）

"固天纵之将圣，又多能也。"（《子罕》）

"吾谁欺，欺天乎？"（《子罕》）

"死生有命，富贵在天。"（《颜渊》）

"不怨天，不尤人，下学而上达。知我者其天乎！"（《宪问》）

下不再列，现举例分析之：

"天生德于予，桓魋其如予何！"（《述而》）这里说的是天命保佑他不被桓魋伤害。

"大哉！尧之为君也。巍巍乎！唯天为大，唯尧则之。"（《泰伯》）这是认为敬天、畏天是人的高尚道德。尧是被儒家历史化、理想化了的圣君，他的伟大之处在于能敬天，以天为法。尧本身是"神"，又祭天，是典型的神的历史化。

"君子有三畏：畏天命、畏大人、畏圣人之言。小人不知天命而不畏也，狎大人，侮圣人之言。"这里把大人、天命、圣人说成三位一体，是认为大人代天行事，圣人代天而言，所以要敬畏三者。实是与西周天命神学一脉相承。

孔子承认天命，并且信天是虔诚的。《论语》中有"颜渊死，子曰：'噫！天丧予，天丧予！'"（《先进》）认为是天对自己的打击，是不可抗拒的。

另，"子见南子，子路不说。夫子矢之曰：'予所否者，天厌之，天厌之'！"（《雍也》）以天的厌弃来发誓，是最重的誓言，证明其敬天畏天之意十分笃诚。

再，"子疾病，子路使门人为臣。病间，曰：'久矣哉，由之行诈也！无臣而为有臣。吾谁欺，欺天乎？'"（《子罕》）他信天的确虔诚，主张天人可以互相感通。因而他认为违礼就是欺天。

又，"子曰：'予欲无言。'子贡曰：'子如不言，则小子何述焉？'子曰：'天何言哉？四时行焉，百物生焉。天何言哉？'"（《阳货》）是说天系最高主宰，但不表示自己的意志。自然界四时、百物自己在那里运行生育，都是天意的体现。这些与他赋予尧舜等神话传说中的神以人王的桂冠一样，天在他的观念中依然是有意志的人格神。造成了天神尧舜禹成为人，而天仍是"神"的局面。这就是他保留神话的思想根源。孔子对于鬼神从来没有明白否定过，反之，却表示了相当的崇拜。以往人们对孔子的鬼神观的看法，大多认为他采取的是回避和存疑的态度，其实并不完全如此。试看下面几例：

"子曰：'禹，吾无间然矣。菲饮食而致孝乎鬼神，恶衣服而致美乎黻冕，卑宫室而尽力乎沟洫。禹，吾无间然矣。'"（《泰伯》）他极为推崇禹的"孝乎鬼神"。孔子是有神论者，承认鬼神的存在。他特别重祭祀，认为神道设教意义重大。如《论语》载有：

"或问禘之说。曰：'不知也。知其说者之于天下也，其如示诸斯乎！'指其掌。"(《八佾》)禘指天子诸侯宗庙之祭，孔子认为其意义深远难说，如果真正明了它的意义，治天也就不难了。孔子坚决反对在祭祀上僭越，认为"非其鬼而祭之，谄也。"(《为政》)主张祭祀要虔诚，"祭如在，祭神如神在。子曰：'吾不与祭，如不祭。'"(《八佾》)

孔子的鬼神观念中，对于西周降福无疆的神的主宰，已产生了离心力。如"季路问事鬼神。曰：'未能事人，焉能事鬼?'曰：'敢问死?'曰：'未知生，焉知死?'"(《先进》)他一方面保留了西周"天"、"神"的形式，另一方面又反对春秋时兴起的形式主义思想与崇信鬼神的迷信思想，并提出人事第一的道德化思想的新内容。如"子疾病，子路请祷。子曰：'有诸?'子路对曰：'有之。《诔》曰：祷尔于上下神祇。'子曰：'丘之祷久矣。'"(《述而》)这是他认为人的言行符合善，鬼神自会福佑，不必专门祈求鬼神保佑。

西周末至春秋期间，迷信活动大兴。神话、原始宗教中的神灵，被引入全然迷信的范畴，与孔子正统的鬼神、祭祀观念不同。从神话角度看，迷信使神话步入歧途；从孔子思想观点角度看，这些迷信、形式应当剔除。迷信，取来神话中的神，以成鬼怪魑魅，是神话向迷信志怪故事演化的标志。相信鬼神，崇尚正统的鬼神，重视西周祭祀的孔子从自己的需要出发，不提倡迷信鬼神，是防止人们由不好的动机驱使而走上邪路，否则难以复周礼了。因此他"不语怪、力、乱、神"(《述而》)，是矫正当时迷信鬼神的弊病，而不是针对神话传说。

另，"樊迟问知。（按：知同智）子曰：'务民之义，敬鬼神而远之，可谓知矣。'"（《雍也》）这句话又见于《礼记》，曰："殷人尊神，率民以事神，先鬼而后礼。……周人尊礼尚施，事鬼敬神而远之，近人而忠焉。"① 说明殷人、周人在处理神与人的关系时的不同点，是周人对殷之一元神的维新改良的结果。孔子的思想就源于周人这一点，几乎一成不变。"敬鬼神而远之"，是说要执守祭祀，但不能将其变成祈求福佑的迷信活动，也就不应当去讲什么"怪、力、乱、神"之类的事了。可以看到，孔子相信鬼神而又不提倡神道设教，斥谈鬼论神不为正道学问的源头即在此。因此说，孔子从来没有排斥过神话。而是社会历史的发展，人们认识的进步，神话本身发展规律的趋势，使神话走上了向志怪、迷信演化的旅途。华夏神话散亡过甚的原因与孔子无关。

孔子所处的时代，不可能建立起唯物的宇宙观，也就不可能否定鬼神的存在。但是，孔子的鬼神观念与他的其他观念一样，有着自相矛盾的地方。从逻辑上讲，他相信天命、相信神话、相信鬼神的存在但又远之鬼神、肯定人事；远鬼神又肯定、重视祭祀；剔除迷信而又多言鬼神。墨子就看到了这一点，并用形式逻辑批评儒家说："执无鬼而学祭祀，是犹无客而学客礼也，是犹无鱼而为鱼罟也。"② 究其实质，孔子的鬼神观念是西周天命神学的翻版，而他又生活在大动荡、众家学说纷起的春秋末期，时代观念的误差是他的思想

---

① 《礼记·表记》。
② 《墨子·公孟》。

学说自相矛盾的根源。换言之,即西周的思想是不符合春秋末期人们的口味的。

恰恰是这时代的误差造成的孔子在鬼神观念上的矛盾,才得以保留了一些神话。又因为这自身的矛盾,孔子又开了中国志怪故事的先河。

(三)

在孔子本人的思想认识中,就有一个由神话到志怪的过程。如上引日出一语,是神话,而解释防风氏骨节一事,就不同了。现将全文引录在案并逐一分析:

《国语·鲁语下》:"吴伐越,堕会稽,获骨焉,节专车。吴子使来好聘,且问之仲尼,曰:'无以吾命。'宾发币于大夫,及仲尼,仲尼爵之。既彻俎而宴,客执骨而问曰:'敢问骨何为大?'仲尼曰:'丘闻之:昔禹致群神于会稽之山,防风氏后至,禹杀而戮之,其骨节专车。此为大矣。'客问:'敢问谁守为神?'仲尼曰:'山川之灵,足以纪纲天下者,其守为神;社稷之守者,为公侯。皆属于王者。'客曰:'防风何守也?'仲尼曰:'汪芒氏之君也,守封、嵎之山者也,为漆姓。在虞、夏、商为汪芒氏,于周为长狄,今为大人。'客曰:'人长之极几何?'仲尼曰:'僬侥氏长三尺,短之至也。长者不过十之,数之极也。'"

这件事的条件部分是获大骨而不知系何之骨,故问孔子。虽孔子"不语怪、力、乱、神",但毕竟"多识于鸟兽草木之名",算是一个博物家。这是客问孔子的缘由。

四问四答,既可连为一体,又可单独剖析。一问骨节为何如此大。孔子回答禹会群神于会稽之山,防风氏迟到,被禹所杀,这是神话。这是禹治水神话的一部分,后演化为

"禹合诸侯于涂山（按：即会稽山），执玉帛者万国"。① 又演化为"禹始也，忧民救水，到大越，上茅山大会计，爵有德，封有功，更名茅山曰会稽"。② 止此时，这则神话已具有明显的历史化的印迹。"群神"演化为"万国"，再"爵有德，封有功"。这是历史化。而"更名茅山曰会稽"，带有了风物传说的因素。再后世演化为防风洞、防风寺、防风山、防风乐等。③ 这是神话向风物传说的演化。唯独孔子这一句，是神话，其相信神话方有此言。这一答的后半句，"其骨节专车。此为大矣。"则是随意附会。估计可能获得了什么恐龙之类的化石，本应从地质、考古学角度来看，被孔子结合神话这么一附会，神秘化了。既然此为大，必然会有小的，使这则神话走向了迷信、志怪。

二问守神是谁。又认为其是山川的创造者，因名山大川能兴云致雨以利天下而言"足以纪纲天下"。这些神与守社稷的诸侯，都归王者所有，是将神人混为一谈，是其在孔子口中历史化的开始。

三问神话中的防风氏。孔子大加发挥，畅谈其在虞、夏、商、周四代的历史，将神话、历史完全混而为一。是这则神话演化为历史的基础，因而才有上引《左传》、《越绝书》中的演变。

四问人长的极数。有长必有短，问者并没问人短有几何，而孔子越加发挥，答非所问，抬出神话传说中的僬侥

---

① 《左传》哀公七年。
② 《越绝书·外传记地》。
③ 袁珂《中国神话传说·羿禹篇》，中华书局 1983 年版。

氏，言其短为三尺，防风氏"不过十之"。这实则是神话中大人国、小人国的故事。记载大人国的计有《山海经·大荒东经》、《海外东经》、《博物志》等书。记小人国的计有《山海经·海外南经》、《大荒东经》、《大荒南经》、《括地志》、《述异记》等书。这些形成了华夏神话中独特的关于大人和小人的神话传说。说起来，当与孔子有一定的关系。

这一则显示了神话在孔子口中向历史、传说、志怪的演变。

中国古代的北方，曾盛行过巫教，与北部绿色草原地带盛行的萨满教有相似之处。最为相同的一点，是均崇拜某一种树。（至现今满族、西北维吾尔族，包括北方诸省的一些农村，仍有这一种信仰。在百年老树上挂满各色布条，认为能赐福降吉。）即"夏后氏以松，殷人以柏，周人以栗。曰：使民战栗。"① 这是"哀公问社于宰我"时，宰我的回答。所谓"社"，是指祭祀祖宗神，可知夏人崇拜松树，殷人崇拜柏树，周人崇拜栗树。这与满族崇拜柳树一样，属于原始宗教与神话的一个重要部分。孔子对此是非常熟知的，所以他听到这件事后，对宰我说："成事不说，遂事不谏，既往不咎。"② 同时又说明神话在孔子时代已经是过去的事了。

再有，"子曰：'凤鸟不至，河不出图，吾已矣夫。'"③ 是说凤鸟不来，黄河不献出图，我的一生就算是完了。凤，

---

① 《论语·八佾》。
② 《论语·八佾》。
③ 《论语·子罕》。

是华夏神话中的大团结图腾。围绕它，有许多美丽的神话传说。凤，又是一种吉祥的象征。而河出图，则是禹治水神话的一部分。最早见于《周易》云："河出图，洛出书。"又"禹理水，观于河，见白面长人鱼身出，曰：'吾河精也。'授禹河图，而还于渊中。"① 另有："昔夏禹观河，见长人鱼身出，曰：'吾河精'，岂河伯耶？"② 这则神话后演化为圣人受天命，黄河河神就献河图的谶纬迷信。孔子将凤鸟不至、河神不献河图与自己的命运紧紧联系在一起，是孔子神话、迷信观念的最好例证。同时也说明后世汉代谶纬家们崇孔子为先祖确是事出有因的。

　　更有甚者，"子曰：'述而不作，信而好古，窃比于我老彭。'"③ 老彭，学术界有三释：一，即老子和彭祖二人。二，指殷商时的彭祖一人。三，可能是孔子时与其关系亲密的一个人。实则这个老彭，就是神话传说中那位活了八百岁的彭祖。彭祖，可能是商代或以前的一个被神话了的人。《大戴礼·虞戴德篇》中有"商老彭"，可能就是神话传说，或者是仙话中彭祖的前身。《楚辞·天问》中有"彭铿斟雉，帝何飨？受寿永多，夫何久长？"帝指天帝，言天帝飨其雉羹，乃报以永寿。王逸注曰："彭祖至八百岁，犹自悔其不寿。"讲的均是此人（神或仙）。彭铿即彭祖。《神仙传》云："彭祖者，姓篯，讳铿，帝颛顼之玄孙也。殷末已七百六十七岁，而不衰老。王令采女乘辎往问道于彭祖，彭

---

　　① 《尸子》辑本卷下。
　　② 《博物志·异闻》。
　　③ 《论语·述而》。

祖曰：'我遗腹而生，三岁而失母，遇犬戎之敌，流离西域，百有余年。加以少枯，丧四十九妻，失五十四子，数遭忧患，和气折伤，荣为焦枯，恐不度世。所闻浅薄，不足宣传。'乃去，不知所之。其后七十余年，闻人于流沙之国西见之。"① 再有"彭祖常食桂芝，善导引行气。"② 这彭祖的神话传说，逐渐演化，而后完全进入仙话范畴。但追溯其记录演化之祖，当推孔子。

以上所举均系孔子记录的神话传说中的一小部分，每则都盛传于后世。而每则在孔子手中均已开始向历史、传说、迷信、志怪或者仙话领域演变。因而可以说对华夏神话之记录保存，孔子实际是一功臣。

孔子是一位"多识于鸟兽草木之名"的博物家，而地理博物方面的神话传说演化为志怪的颇多。志怪小说、志怪故事，源于神话传说，粗具雏形于春秋，初成于战国，盛行于两汉至南北朝，于隋唐间开始向传奇过渡。又系后世鬼怪故事、小说的祖先，查其志怪的形成，与孔子、孟子、庄子等"博雅君子"有一定的关系。现就孔子再举几例：

《国语·鲁语下》载："季桓子穿井，获如（按："如"字衍）土缶，其中有羊焉。使问之仲尼曰：'吾穿井而获狗，何也？'对曰：'以丘之所闻，羊也。丘闻之，木石之怪曰夔、蝄蜽，水之怪曰龙、罔象，土之怪曰羵羊。"夔，是古代神话中著名的神。夔是动物的名称，《说文》云："夔，贪兽也。一曰母猴，似人。"据郭沫若先生研究，"殷

___
① 《神仙传》卷一。
② 《列仙传》卷上。

人的帝，就是高祖夒。""在我看来，帝俊、帝舜、帝喾、高祖夒实是一人，而夒就是舜……殷人称这种动物为他们的高祖，可见这种动物在当初一定是殷人的图腾。"① 言夒是舜，未必可信。但夒是人神中的一位显赫者却属无疑。然而到了孔子时代，他嘴里却将这位显赫的神贬为"怪"，与魑魅魍魉为伍。除说明神话至孔子时已确实开始消亡外，还证明了孔子在神话——志怪的演化中的确"博识"。季桓子穿井所获土羊，孔子认为是"土之怪"，只能是瞎说，迎合当时社会上流传的志怪、迷信，却没有像解释黄帝四面的那种合理化动机了。

再，"仲尼在陈，有隼集于陈侯之庭而死，楛矢贯之，石砮其长尺有咫。陈惠公使人以隼如仲尼之馆问之。仲尼曰：'隼之来也远矣！此肃慎氏之矢也。昔武王克商，通道于九夷、百蛮，使各以其方贿来贡，使无忘职业。于是肃慎氏贡楛矢，石砮，其长尺有咫。先王欲昭其令德之致远也，以示后人，使永监焉，故铭其楛曰：'肃慎氏之贡矢'，以分大姬，配虞胡公而封诸陈。古者，分同姓以珍玉，展亲也；分异性以远方之职贡，使无忘服也。故分陈以肃慎氏之贡。君若使有司求诸故府，其可得也。'使求，得之金椟，如之。"② 箭穿鸷鸟，必有人所射，而孔子则借题发挥，将远在东北的肃慎部族与中原历史混淆在一起，而且说得头头是道。究起源头，只是一支箭，一只死鸟而已。

上引两则揭示了这样一个问题：孔子对历史甚为熟知，

---

① 《先秦道观之进展》。
② 《国语·鲁语下》。

以"怪"入史，怪、史相联。怪、异、精、妖、鬼等故事，均脱胎于神话与原始宗教，神话入史，造成人、神合一，是神话历史化的先声。怪、异入史，怪、史相间，是继神话入史后的中国文化、华夏神话发展史的独特现象。究孔子的思想基础，是他将上古神话、上古历史看作一个统一体，"信而好古"，不加怀疑。而春秋末期时神话已演变为志怪迷信，与孔子的观念相去甚远。孔子以自己的观点为出发点，解释当时出现的一些怪异现象时，势必将怪与历史混杂在一起，因而也就不自觉地充当了神话入历史、入志怪的中介人，并给予后世儒家以强烈的影响，这是儒家思想统治中国而志怪、迷信便盛行于中国的最根本的原因。

另"西狩获麟"，孔子得知麒麟之死，涕泣道："吾道穷矣"。[1] 麟实系鹿类动物，所谓被迷信化了的仁兽，孔子又将其与自己的命运连在一起，将其进一步神秘化了。

非但孔子如此，孟子也证瞽叟朝舜之语于齐东野人。即使孔子的弟子，也同样如是。如"孔子在卫，闻哭声甚哀，颜回曰：'回闻桓山之鸟，生四子焉，羽翼既成，将分于四海，其母悲鸣而送之，哀声似此。'"[2] 由此可知"孔子述土羵、萍实于童谣，孟子证瞽叟朝舜之语于齐东野人，则知《琐语》、《虞初》之流，博雅君子所不弃也。"[3]

除上述外，还有孔子辩证萍实、商羊的故事，[4] 孔子辩

---

① 《史记·孔子世家》，《左传》哀公十四年注引《公羊传》。
② 《艺文类聚》卷九十引《孔子家语》。
③ 元代杨维桢《说郛序》，见张宗祥校订本。
④ 《说苑》、《孔子家语》。

夔一足的故事,① 最为著名的是辩黄帝四面一事,孔子绝不是"不语怪、力、乱、神"之人,而是语怪方面的博识者。前人胡应麟很早就指出了这一点,"仲尼,万代博识之宗,乃怪力乱神咸斥弗语,即井羊庭隼,间出绪余,累世靡穷,当年莫究"。若究,必语异、怪、神、鬼。因此,他又指出:"累世不能穷其学,当年不能究其礼,仲尼之博也。而以防风、肃慎、商羊、萍实诸浅事当之,则仲尼索隐之宗,而语怪之首也。"② 他"把孔子当成谈异语怪的老祖宗"。③

孔子热心于搜集、记录、传播神话传说,在他作出这些贡献的同时,因时代的局限,他充当了神话向历史、志怪、传说、迷信演化的中介人。在孔子观念的基础上,后世儒家提倡神道设教,既反映了儒家的现实主义的传统,也将神话更进一步推向历史、志怪、迷信的范畴。对此,我们应当重新评价,并给予应有的重视。至于孔子是否谈异语怪的老祖宗,笔者不敢断言,只成一说备于此。

四、民族意识的萌芽

这里所讲的民族意识不是指今日的某一个现代民族的自觉意识,而是指原始人开始意识到本氏族、部族的集体的价值时,反映在神话中的踪迹。毋庸置疑,这是今日民族意识的最初源头。

民族意识属于文化范畴,包括语言、风俗、祭祀、饮

---

① 《韩非子·外储说》。
② 明代胡应麟《少室山房笔丛·华阳博议》。
③ 李剑国《唐前志怪小说史》。

食、服饰、丧葬等诸方面。这里不涉及更广的范围，只谈反映在神话中的这种初级的氏族意识的萌芽。

民族意识的形成有一个漫长的历史过程。最初是由经济环境、生活所迫，是从必须依靠本氏族、本部族的力量才能生存下去这一点开始的，表现在神话中是集中体现在对本氏族、部族图腾的崇拜与神话的传播上。上古各部族的融汇，是民族意识的孕育期。神话中图腾神的演变，大团结图腾的出现，祖先神的联合是民族意识在神话中初步的展现。这属于神话美学范畴的问题，也只有从美学的角度入手。

所谓民族意识的萌芽，首先是各部族对于美、善、丑、恶的认识、看法的不同而引起的。其次是对优美和崇高，生活中的悲剧和喜剧的意识的不尽相同造成的。

人改造世界的客观活动，是一种事先有着自觉的目的的活动。但人所要改造的客观世界，却是不以人的意志为转移的客观存在。这一点，现代人与原始人无有什么大的差别。在社会实践的过程中，人对客观现实与主观目的的关系的认识形成了善的观念。一般说来，在实践上符合于人的目的的东西就是善的，于原始人的生活有益的就是善的，反之就是恶的。这是对善的最初步、最粗浅的理解、认识。这种认识产生得很早，在想象还没有产生以前就应该已经有了模糊的意识。"善"的产生，主要表现为个别主体的需要、目的、利益这一点上。继而与整个社会（原始人的社会就是氏族、部族）的需要、目的、利益相联系，成为全氏族、部族的共同的善的观念。这时，"善"就有了本质方面的内容。与它相反的"恶"，会遭到全氏族、部族的共同仇视。就人类社会的整个历史发展的进程看，善是个别到一般的并与社会发展规律相一致的，有益于社会发展的普遍利益。到一定阶段上，"善"成为"美"的主要内容。神话中出现的善神、吉神、恶神就是这一观念的产物。它的产生与发展也是由单个人的到全氏族的，再到胞族、部落、部族的过程。最后形成本民族善神、吉神、恶神，再加入人为的道德伦理的社会属性，由神话进入到伦理学的范畴。

美以善为前提，并且归根到底要符合和服从于善。人类最初所认识的"善"同时也就是"美"，二者是不能分离的。只有随着历史的发展，二者才逐渐被区分开来。

这就造成了不同生活环境之中的不同的原始民族，由于生活实践的不尽相同，善的对象、善的本质的内容就有所不同。甲民族认为是善的，乙民族可能认为是恶的，这种意识又主要体现在图腾神话之中。图腾神话与祖先神话往往交织在一起，造成了本民族图腾神、祖先神的融合后，成为本民族善——美的象征。即使是奇怪的形体，丑陋的面容，或者是残凶的心性。本氏族、部落、民族的成员就团结在这一标志——旗帜之下，形成了初时的民族的向心力。如苗瑶等族的图腾——祖先神槃瓠，是一条狗。狗是他们神圣的、民族的标志，任何人不得欺侮，否则就可能引起械斗。而槃瓠又是这些民族向心力的中心对象，是民族的旗帜。古代突厥人在牙帐前高挂金狼头，使其成为民族的标志。这种对祖先——图腾的崇拜而产生的民族向心力，可以说是民族意识萌芽时期的一种意识。而它的产生，与善、真、美的观念有着不可分割的联系。

鲁迅说过："在一切人类所以为美的东西，就是于他有用——于为了生存而和自然以及别的社会人生的斗争上有意义的东西。"① 这里说的是美——善的内容，其核心是：美的事物是一种肯定的有积极意义的生活形象。神话中的神，特别是图腾神、祖先神在促使原始民族形成发展的过程中，具有着不可否认的肯定的积极意义，同时又是源于生活的神话艺术形象。

善是意志活动（目的、功利）的对象，而美是认识和观赏的对象，能唤起情感上的共鸣。善主要讲内容，美则是内容和形式的统一。因此，图腾神的产生是有善的因素为其内容的。图腾，成为民族的徽志、旗帜，是美的内容和形式的统一。托尔斯泰曾这样说："'美'是我们的一切热情的基础"②，是有一定道理的。

善、恶、美、丑在一定条件下可以相互转化和变换，没有天生不变、绝对永恒的美，只有在社会生活中不断变化发展的美。神话的融汇，图腾神的多种形体因素，如龙、凤等，就是一种发展变化的美的标志。社会的发展，华夏族的形成融汇了许许多多不同图腾的氏族、部族。在他们中间，善、美的观念需要充实、发展，丑、恶的观念需要改造。于是，一个更广阔范围内的善、美的观念开始渗透进整个联合着的各氏族之中。久而久之，部族——部落联盟——原始民族的徽志产生了，旗帜产生了。善与美的观念有了一个大致相同的认识，向心力有了更广阔的社会力量作基础。民族意识于此开始萌芽产生了。

再谈优美和崇高。

---

① 《鲁迅全集》第四卷。
② 《西方美学家论美和美感》第 261 页。

优美和崇高是美的两种不同形态，即美的两种不同种类。如风和日丽和狂风暴雨，就是不同形态的两种美。前者使人们有心旷神怡的审美愉悦，后者给人们的却是无限的力量感受，扩大人们的精神境界和审美享受。前者叫优美，后者叫崇高，或者叫壮美、伟大。优美是美的一般形态，侧重展示客体与主体在实践中经由矛盾对立达到统一、平衡、和谐的状态。神话中羲和生十日，常仪生十二月，女娲用泥土造人的经过等等，都显示着一般的美的状态——优美的内涵，给人以享受等等。而崇高则不同，它主要体现实践主体的巨大力量，更多地展示着主体和客体在现阶段相冲突和对立的状态。并在这一对立的冲突中，显示出客体和主体相统一的历史必然性。自然界的崇高之所以能引起人们的惊讶和敬赞，是它们经常以突破形式美的一般规律的粗粝形态——如荒凉的风景，无限的星空，磅礴气势、雷电交加的惊人场面等等——来构成崇高的特点与内涵。

当然，自然界的一定的感性形式具有的崇高意义，是由于它在一定历史阶段上与人类社会实践相联系，激发了实践主体（指人）的巨大潜在能力。原始社会中，狩猎的氏族往往把凶猛的野兽当作崇拜的对象，如东北鄂温克、鄂伦春族，就将熊视为自己的祖先。神话中黄帝与蚩尤作战时的几个助手神，就是崇拜熊、虎等的几个氏族。这实际上是显示了猎人们在尊敬自己的英勇和力量，使客体——对象的身上具有崇高的美。农业部族所崇拜的对象一般就要温和得多，如蚩尤、神农都是牛的形状，盘古也是龙首蛇身，槃瓠是狗等等。因此说，自然界的崇高反映在神话中，就有着不同时期的氏族意识上的区别。谷神、农神、土地神与狩猎民族的凶残的神灵恰好是一种优美和崇高的对照。游牧民族所崇拜的也大多是与自身生产生活有联系的自然界事物，如西北世居敦煌——祁连的古代大月氏（又称禺氏）人，就是以羊为图腾神的。古代"羌"字从"羊"，羌人被称为西方牧羊人。由于实践主体——即人的生活的决定，迫使他们崇拜的对象是羊、马和帮助牧羊的狗，在这些神的身上就少见自然界的崇高。但正是由于生活环境所致，他们的神话中的自然美景的壮美，却是令人惊赞的。如西北、北方神话中，多见荒凉的戈壁，浩瀚的沙漠，插入云天的雪山，无边的草地，还有那神话中的天梯——昆仑神山等等。卫拉特蒙古人中有这样一则神话，说天上也有草原、戈壁，天上的彩虹，是天神的羊群，在天上无边的草地上围了一个圆圈，天神挤羊奶，无数只羊的奶汁在流淌。奶汁与太阳神的眼光连结在一起，就成了横跨天际的彩虹。在这里，游牧民族的自然界的崇高、壮美显示的是如此的宏伟。因此说，自然界的崇高是与人这个实践主体的生产劳动有密切联系的，而不同民族对优美和崇高的理解也不同，赋予自然界崇高、优美的思想情感也不同。

一个民族所骄傲、崇拜的崇高的美、崇高的对象，是这个民族原始教育中的重要的内容。它可以成为本氏族战斗的口号、进击的精神力量的源泉，并进而成为原始宗教中的中心，统治着本氏族、民族的意识，成为本民族的灵魂。其发展的结果，就是民族意识萌芽产生的标志。

原始神话中的诸神和英雄们的形象，是自然的巨大威力在被征服、受支配原始人想象中的产物。如果我们细心注意一下我国神话中神的形状类别，便可大致看到华夏族的神大多是龙身、鸟首、牛首等，这是农业部族的特征；西方高原地带的是狼、羊、马等；东方的是熊、树、燕、凤等，有着狩猎和初入农业的特点；南方水乡诸民族多是小动物，如狗、鸟、蝴蝶和优美的与竹、水等相联系的神。因此，要划分华夏神话中的各个系统，则应当依据原始初民的审美判断来进行，带有方位的、地理的、经济的因素，而且必须打破现有各民族的界限。因为现代民族的形成，是很晚的，有些后进民族在社会发展形态上，新中国成立前要晚于汉民族几百上千年，甚至三千年之多。任何局限于现今划分的民族范围内探讨中国神话的见解，对全面研究整理中华民族的这份珍贵的遗产都将是极为不利的。

以此，我认为中国神话的系统可分为以下四个：一，东方平原、海洋神话系统，以帝俊为代表。二，西方高原神话系统，也可称为昆仑神话系统，以黄帝、炎帝为代表，包括伏羲、女娲、西王母、禹等。三，北方绿色草原神话系统，包括与中原神话有密切联系的满、蒙古、鄂温克、鄂伦春、维吾尔、哈萨克等民族的神话。四，南方水乡山地神话系统，包括现今居住的一些民族。

这四个系统都不是孤立的，东北、西北、西南、东南是相互联系的环节，是中国神话体系全面系统研究中最应重视的几个地方。这些地方的神话，融汇渗透吸收别的神话系统的现象较为清晰明显。抓好这四个相互联系的环节，对全面研究神话的四个系统，有着举足轻重的作用。认真考究一下，我们就会发现，东、南两个系统中的神话，大多呈现优美的形态，比较注重形式美，比较注重和谐、统一、节奏、对称均衡；而西、北两个系统的神话，恰恰相反，大多呈现崇高美的形态，比较注重粗犷、豪放、壮烈、残暴、斗争，少有节奏、对称的形式美可寻。如黄帝与蚩尤，再与炎帝大战；共工与颛顼争帝怒触不周山；女娲补天；禹治洪水；鲧被杀于羽山之郊；刑天舞干戚；维吾尔族的苍狼；哈萨克、蒙古族的开天辟地等等。以此又可深入分析中国神话的分类，是否可以按照原始人创造神话时的审美判断进行呢？比如：优美的神话、崇高的神话，悲剧性的神话、喜剧性的神话（这里讲的悲剧、喜剧不是戏剧范畴使用的概念，而是指其内容的性质）等等。优美的神话有帝俊之妃羲和生十日、常仪生十二月，玄鸟降商，少昊降生以及南方的一些优美的创世史诗等等。崇高的类型是黄帝战蚩尤、战炎帝、羿射日、绝地天通、盘古开天地、伏羲女娲生人类、神农尝百草等等。悲剧的类型可以说最引人注目，鲧偷息壤被杀于羽山、共工触山、刑天断首、夸父逐日、精卫填海等等。这是华夏神话中体现的民族的灵魂，是中华民族精神、风格的最初的体现。喜剧的类型有西王母、犬戎弧、大禹治水、器具发明神话等等。当然神话中往往是优美、崇高、悲情、喜剧交杂，崇高中不乏优美，优美中呈现悲壮，是显而易见的，截然的区分是办不到的。现有的几种划分神话类型的方法，又有哪一种能严格地区分类型呢？征服自然的神话中又何曾无有社会关系的影响，器物发明神话中怎能与崇高、喜剧的内容分开？

下面我们就用民族意识的产生来对上述要点进行分析。

民族意识的产生可以这样说，自有了氏族、部族起，民族的意识就产生了（指广义的民族）。随着人们社会实践领域的扩大，自然界愈来愈广泛地成为社会实践的对象和生活

148

的环境。当神话中的主体转化为可欣赏的对象时，它的优美、崇高、悲剧、喜剧的意义在人的实践斗争中也越加广阔地显示出来。这口头传播而来的神话，大多经过初民们一代又一代的加工创造，有些当时就转化成为欣赏的对象（如苗族的创世史诗中的神话），一旦被"史诗"这一艺术形式所收罗，其形式的美首先就是欣赏的对象。民族的意识经历了一个长期的过程，进入了一个新的阶段，这个原始民族的向心力也开始于此时形成，然而这个阶段同样又是一个长期的过程。作为欣赏的对象这一点，在神话定型之际就已确定了。今日我们从美学的角度，查寻原始人在当时的社会生活中，根据自己意识的能力，审美的感受，用想象创造出来的人类第一批艺术作品，是很有意义的。

在社会生活中，人的力量的胜利，不是轻而易举的，需要经过艰难曲折的斗争，需要付出巨大的代价。这是我们今天谁也懂得的道理。原始人懂不懂呢？我认为在一定程度上他们是理解的，因为在神话中已大量出现。夸父逐日，道渴而死，化为邓林。鲧死于羽山之郊、剖之于吴刀，产出英雄禹来，这中国的普罗米修斯正是我们民族灵魂最初的素描、摹画。精卫衔木填东海，刑天冲天舞干戚，它们的经历，非但是斗争曲折艰难的反映，也是英雄的牺牲精神的歌颂。其崇高的美的形态已趋向自觉，已很鲜明，表现得亦高昂亦深刻。它们的精神、性格、行为，已成为民族歌颂的崇高的对象。这都说明，在原始社会末期，奴隶社会阶段，民族的自觉意识已开始出现，民族的向心力在这类神话中已有能动的反映，说明人的审美判断开始进入一个新的阶段。从民族（原始人）意识的产生到民族自觉意识的出现，在神话中都

149

可以找到踪迹。因此说，从美学角度划分类型追溯其源流应是一种可行的方法。

再说神话中具有崇高特性的对象，一般总具有艰巨斗争的烙印，初步显示出了真与假、善与恶、美与丑的斗争的深刻过程。崇高的美与恶、美与丑的斗争的景象剧烈地激发原始人的狂热和对氏族、部族英雄（神）的崇拜，由此而产生的伦理态度和氏族自觉意识，开始进入伦理学的范畴。由崇高的神话对象而得来的原始氏族、部族中的个人的崇高感，既体现了艰巨斗争的本质，又是民族骄傲的标志。在人们的审美判断发展到这个阶段时，神话已到定型演化期了。我们对这个阶段总结而来的神话资料依美学角度来分类研究，应当说是符合客观实际的一种方法。

需要说明的是，神话中表现的萌芽状态的民族意识，是由不自觉地想象创造到自觉地想象创造过渡阶段的产物。它不等同于后世的民族意识，也不等同于原始人意识的产生初级阶段，是人类认识史上两个思维阶段过渡时期的必然产物。

五、民族美德的初级形态

我们民族美德的产生这个问题是在前节讨论的问题基础上引申而来的，两者有前后的关联性，但又是不同的两个伦理范畴。要了解这个问题的实质则首先要了解美学范畴内悲剧的含义。

悲剧，在审美对象中有着重要地位，在神话美学中同样占有重要地位。但这里所讲的悲剧，不是作为一种戏剧类型而是作为一个美学范畴而进行讨论的。悲剧是人生中严肃的事情，它不是悲哀、悲惨、悲痛、悲观或死亡、不幸的同义词，它与日常语言中的"悲剧"一词，含义并不完全相同。美学的对象——悲剧，是能够使人奋发兴起，提高精神境界，产生审美愉快的。神话中的悲剧，其作用于当初虽则无此鲜明，但其本质是相同的。

神话中的悲剧，是现实中存在的悲剧的曲折反映，已经开始具有一定的社会属性并渗入了伦理态度的评价。对于悲剧的特点，亚里士多德认为，是描写比现实中更美好的同时又是"与我们相似的"人物，通过他的毁灭引起的悲悯和畏惧，并从积极方面给人以"净化作用"。即"摹仿方式是借人物的动作来表达，而不是采用叙述法，借引起怜悯与恐惧来使这种情感得到陶冶。"① 黑格尔认为悲剧不是个人偶然的原因造成的，而是两种社会义务，两种现实的伦理力量的冲突。悲剧人物所代表的力量是合理的，但又是片面性的。可以说，原始人的悲剧是由当时历史阶段的悲剧性矛盾造成的。神话中的悲剧是原始生活中悲剧的艺术体现。如埃斯库罗斯的《被缚的普罗米修斯》中的主人公，违犯宙斯的意志，偷火给人间，让人类有了科学文化知识，并得到发展。普罗米修斯虽因此被宙斯钉在高加索山上，戴着镣铐，忍受着巨大的痛苦，却坚信正义必然战胜邪恶。他宁愿受苦一万年，也绝不向宙斯屈服。这虽然是艺术化了的悲剧，却是取材于神话的悲剧艺术。因此我们可以认为：人类社会最初的悲剧，产生在原始社会中，是悲剧性矛盾的产物；最早的悲剧艺术的反映，是神话中的悲剧，由神话中的悲剧演化

---

① 〔古希腊〕亚里士多德《诗学》。

发展为后世的悲剧艺术。要研究悲剧，必得先从神话悲剧开始。

华夏神话中的悲剧，首推鲧偷息壤，被杀于羽山，剖腹以产禹；再有精卫填海，夸父逐日，刑天舞干戚等。

鲧，堪称中国的普罗米修斯。他"不待帝命"①，偷来天帝的能治理洪水的息壤，为人类解除洪水泛滥而招致的灾难，而被杀于羽山之郊。尸体竟三年不腐。后天帝残忍地剖之于吴刀，谁料想尸体腹中却出来了一条龙——禹。这个鲧的儿子，继父亲未竟之伟业，踏踏实实、兢兢业业将治水工作进行到底，竟娶妻而不顾，三过家门而不入。这父子神的业绩，实则中华民族美德的最初展现。普罗米修斯、禹、鲧，为了人类的事业，为了美好的理想，为了解除人类的灾难，甘愿遭受苦难和牺牲。这是人类历史上最早出现的英雄人物的悲剧的反映，这是我们见到的最早的悲剧艺术。

将华夏神话中的悲剧人物与希腊神话中之悲剧的典范普罗米修斯相比较后，我们就发现二者明显的不同之处。一个粗犷，豪放，激情澎湃，气势磅礴，使整个神国为之一震；一个默默无闻、勤勤恳恳、扎扎实实地去履行自己认为正确的事情。两个民族不同的性格、特点、美德，清晰入目。最重要的一点是：华夏神话中悲剧的结尾，两方对立的矛盾必定向一个新的领域转化。鲧被杀后"尸中生子继父业"，禹继父业再治洪水；炎帝少女女娃溺死东海后化为精卫衔木填海；刑天被断首后以乳为目，以脐为口再舞干戚，施威于天帝而"猛志固常在"；夸父追日不能如愿便"弃其杖，化为

---

① 《山海经·海内经》。

邓林"① 而"余迹寄邓林，功竟在身后"；共工怒触不周山后，竟引起"天倾西北"，"地不满东南"②；卫拉特蒙古人中的神箭手赤脚巨人，射掉遮天蔽日的大鹏鸟后，为坏人所害，化为天山博格达山峰等等，都呈现了这一特点。另有望夫化为石，化为云；神死后化为龙；盘古死后化为万物等等故事，可谓俯拾皆是。这无疑与中国原始的朴素辩证法中的对立矛盾转化思想认识的产生有关，但又何曾没有体现出中华民族的审美、伦理等方面的特点，又何曾不是中华民族精神、风格的最早最集中的体现呢？从中不难寻出中华民族美德的最初形态。

　　神话，是原始人意识领域唯有的，显示给后人的一种形态（包括原始宗教），原始人氏族、部族内部的原始道德规范，势必反映在神话之中，从而使神话成为原始教育中与生产技能并列的两大内容。随着历史的发展，原始氏族、部族内部的道德规范愈加繁杂和趋向定型，并渗浸了一定的社会属性。原始教育中那些歌颂本氏族、部族英雄人物的神话传说愈来愈多地带上伦理道德的内容。部落联盟乃至部落联盟大联合的出现，使其内容中那些具有共性特点的英雄的、神的传说，从氏族的到联盟的进而成为民族的精神、道德的象征。再影响到民族内部的教育、美育，使其成为民族美德的初级形态。神话是原始人思维、审美判断、道德法律（如果可以用这个词的话）、民族精神、意识的最集中的体现。中华民族的美德有一个漫长的历史形成过程，其初时的形

---

① 《山海经·海外北经》。
② 《淮南子·天文训》。

态，必然反映在神话之中。

原始人的审美意识中，同样有优美、崇高、悲剧、喜剧之分。由于原始人生产力水平低下，对自然界的认识无疑是表象的、初步的。但作为社会的主宰，其生产、创造的目的，就是为了改造、征服自然界。这样，人类的进击精神就与自然界的冷酷无情形成了尖锐对立的一组悲剧性的矛盾，矛盾发展的结局，必定是人类社会初期的一个接一个的悲剧出现。

在美学范畴而言，悲剧是崇高的集中形态，是一种崇高的美。阶级社会产生以后，悲剧的崇高特征，是通过社会上新旧两种力量的矛盾冲突，新生力量与旧势力的抗争来显示的。经常表现为，在一定的时期内，还具有强大的实际力量的旧势力对新生力量暂时的压倒而导致的正义的毁灭，英雄的牺牲，严重的灾难、困苦等等。在严重的实践斗争中显示出先进人物的巨大精神力量和伟大人格，这是后世认为悲剧美的主体。在神话中也有反映，刑天断首就属于这一类型的悲剧，是阶级产生以后的社会悲剧在神话艺术中曲折的反映。共工与颛顼争帝怒而触不周山的悲剧，也是这个时期的产物。只是共工的悲剧在神话中的反映由于振滔洪水给人类带来灾难而失却了巨大的感染力。鲧的悲剧也有这方面的因素，是阶级社会萌芽以后的神话中的悲剧人物（神）。

但是，美学界很少注意和研究的还有一种悲剧的类型，即，没有社会力量的对立冲突，而是人与自然界的对立的悲剧性矛盾所致。如华夏神话中的夸父追日、精卫填海等，只反映了这个主体与自然这个客体之间的矛盾。究其根源，是人与自然的矛盾在生活中的反映，而造成悲剧的直接原因是不具体的、抽象的自然界，由此而产生的悲剧必须有一个艺术的在想象中进行的凝炼集中的过程，表现在神话中就必须是以极度的夸张为基础。而人在自然界中生活着，虽然生活中不断出现悲剧，但人仍然在奋力抗争，顽强地生存了下来。人们学会了适应自然环境，并在自然力量所造成的悲剧中继续从事改造、征服自然的业绩，利用自然力量进行有目的的生产活动，这就产生了自然矛盾的转化而为人类服务的神话悲剧。在原始社会中，无有社会悲剧的环境，只有人与自然之间的悲剧性的矛盾这一个环境。原始人在长期生产实践中，逐渐掌握了自然界的一般规律，促使这组矛盾向有益于人类生存的方向转化，这是神话悲剧中矛盾转化的来源。这样，就产生了体现这一组悲剧性矛盾的神话悲剧的形成，夸父追日，精卫填海，神农尝草药而一日七十毒等。这种矛盾的转化标志着人类认识自然，改造自然，适应自然的进步，反映在思想史上，就出现了辩证中的对立矛盾的转化。它是人类认识史上一个阶段的产物。如：夸父追日道渴而死化为邓林，但仍离不开阳光，邓林（桃林）又是人类生活所需要的食物的来源之一。女娃溺海而死化为飞鸟，但仍欲求填平大海使人类通行无阻，其目的是征服、利用大海。神农一日七十毒来自尝草药，目的是为了治病、解毒，其结果是人类治病、解毒离不开百草。还有一种悲剧，是人与自然这组对立矛盾在悲剧发生过程中由社会新旧势力这组悲剧性矛盾所取代，从而造成了一种新的悲剧。其特征是先由人与自然的矛盾引起，而后由社会力量酿成悲剧后果。希腊神话中普罗米修斯盗火给人类，实际是人在征服自然中的矛盾的展现，但上帝宙斯将其钉在高加索山上则是社会新旧力量的冲突的表现，其悲剧的结局是由社会力量所造成的。华夏神话中的鲧治水，是人与自然矛盾的体现，偷来天帝的息壤是解决这组矛盾，使矛盾转化的契机和方法。故事发生在这时，开始由社会力量这组矛盾来取代人与自然界这组矛盾。鲧因"不待帝命"而被戮，普罗米修斯因宙斯震怒而遭难，可以说这种类型的神话悲剧是产生在原始社会向阶级社会过渡的阶段，反映了两个社会历史阶段的两种不同类型的悲剧性矛盾。两种不同类型的矛盾在同一神话中的前后承袭，成就了更壮美的悲剧。

可以得出这样的结论：人类社会发展中先后必然要出现三种类型的悲剧：一是产生在原始社会中的以人与自然这组悲剧性矛盾为主线的神话悲剧。二是产生在阶级社会中的以新旧两种社会力量的对立矛盾为主线的社会悲剧。三是产生在原始社会与阶级社会过渡阶段，既反映人与自然的悲剧性矛盾，又反映了社会两种力量的悲剧性矛盾的悲剧。第三种悲剧前半部分是人与自然的矛盾，反映的是一种崇高的美；后半部分是社会力量的矛盾，反映的是一种悲剧的美。二者浑然一体，表现出一定的因果关系，将原始社会神话悲剧中矛盾转化这一点，与阶级社会中社会实践联系在一起，从而将矛盾推向激化，造成了更使人深省的悲壮的美。从以上分析可以看出：人类社会发展各个阶段都有悲剧产生。它们在不同历史阶段上由于不同的对立矛盾所造成，共同体现了人类的崇高、悲壮的美德。神话悲剧中孕育着后世悲剧的胚胎，而神话悲剧向社会悲剧的过渡则又体现了神话必然消亡的客观规律。

理解了这一点，我们将有可能更好地理解本节的命题

——神话中反映的中华民族的美德。

神话悲剧通过美与丑、善与恶的冲突和美的善的事物、力量的毁灭，深刻地反映了当时人与自然的关系发展的必然趋势。在这个时期付出了沉重的代价，但不是解消而是加强了人类终将取得胜利的信念，激发了人类社会不断前进的乐观愿望。如禹总结鲧的教训，改堙为导、疏，使治水成功。炎帝少女死后化为精卫，衔木填海不已等等。这是丑对美的暂时的压倒，同时又强烈地展示了美的最终胜利和必然的胜利，理想中的胜利，这种悲剧的审美特性就是崇高的美。在神话悲剧中，崇高带有实践斗争的艰苦性，表现得最为震撼人心，如鲧的死、少女的死、夸父的死等。"美学家们把悲剧性看作是最高的一种伟大（即崇高）……"① 无疑是正确的。

神话悲剧，作为审美对象，表现的是人（神）的社会实践暂时遭受到失败，暂时被客观现实所否定。因而从表面看来，它的效果是畏惧和悲悯，最容易引起人们和神话研究者所注意。但是，这种畏惧与悲悯的现象是情感、认识、想象等一系列非常复杂的心理活动的结果，并不一定只有一种消极的效果，相反，它有一种独特的积极作用。亚里士多德将这种作用称为"净化作用"（也有译作"陶冶"的）。这种作用是属于伦理学范畴的，因为悲剧中真与假、善与恶、美与丑的冲突、伦理的因素占有非常突出的地位。神话悲剧中只反映人与自然这组矛盾的崇高的美德的规范，这些悲剧

---

① ［苏］车尔尼雪夫斯基《美学论文选》，人民文学出版社 1957 年版，第 98 页。

结局引起当时人与后世人强烈的伦理态度。合理的、正确的遭到摧残和失败，能给人以强烈的道德震撼。因此说，悲剧具有深刻的道德教育作用，能够提高人的品格，激发人的意志。在神话作为审美对象的各种形态中，神话悲剧的感受是最接近道德判断和实践意志的。这种悲剧的道德提高的作用，表现在悲剧效果上，是一种振奋的因素，即惊赞。它是积极的，有陶冶作用的人类早期的道德规范，对后世有着深远的影响。

从理论上解决了神话悲剧与道德的关系后，我们可以思虑一下我们中华民族美德的内容：不怕牺牲、不怕艰难困苦，舍己以为他人；默默无闻、兢兢业业工作；重于实践（包括现实），不断前进，前赴后继为真理而奋斗；身陷困苦之境而不失奋发向上的精神等等。这些在华夏神话传说中是可以清楚地看到其初时的形态的。神农尝百草一日七十毒；鲧治洪水不怕牺牲自己；女娲默默无闻地做完了自己应做的事业，倒下后化为十个神；盘古死后还身化万物，造福于人类；女娃身亡化身精卫，填海不止；刑天断首后仍然向天帝宣战；禹继父志前赴后继为人类治水造福，兢兢业业，身先士卒，三过家门而不入；愚公年过花甲而挖山不止；尧舜身体力行与人民同甘苦；黄帝、伏羲为人类制造器物；夸父追日悲壮地牺牲而化为桃林；羿上射天帝之子——太阳，下杀害人祸众的恶神；后稷把天上百谷的种子偷到人间等等。这些具有美德美育内容的故事，一代传一代，不断丰富发展其内涵，成为今日今世所共赞的中华民族的美德。华夏神话传说中的确已显示了中华民族美德产生的信息，而最集中地体现在神话悲剧之中。

158

当然，中华民族的美德有一个产生形成的漫长的过程，神话中没有也不可能全然体现出来。但就其产生而言，其源头必定要追溯到中国人民最早的意识表现形式——神话之中。